Sophia Loren

Collection « **stars** »
Livres de cinéma et spectacle pour l'école et l'université

Alessandro Gatta

Sophia Loren

GREMESE

Titre original :
Sophia Loren
2014 © Gremese
New books s.r.l. – Rome

Traduction de l'italien :
Aurélien Trainaud

Couverture :
Luigi Novelli

Crédits photographiques :
Couverture : Angelo Frontoni
Insert : Angelo Frontoni (p. 1, 4 [en haut], 5, 7, 8) ; Ente dello Spettacolo (p. 4, photo de *La Chute de l'empire Romain*).

Impression :
Core System Grafic – Fondi (LT)

isbn 978-2-36677-059-9

Dépôt légal : août 2014

À ma mère, Anna,
pour le courage et le mordant
avec lesquels elle continue
d'affronter la vie !

Deux femmes

« Je ne supporte pas le passé parce qu'il ne me reste que des souvenirs horribles. J'ai rencontré Riccardo Scicolone à Rome, par hasard. Il m'avait fait rester dans la capitale en me faisant croire qu'il pouvait me donner un coup de main pour ma carrière, je voulais devenir pianiste ! Il m'avait dit qu'il était producteur de cinéma et que j'étais si belle que je le mettais mal à l'aise s'il essayait de me parler. Moi, je l'ai cru. J'étais une fille de province qui débarquait juste de Pozzuoli, je ne connaissais rien. C'est comme ça que je l'ai revu plusieurs fois, il m'a séduite avec sa façon de faire et ses mensonges : deux mois plus tard, j'étais enceinte de Sophia ».

ROMILDA VILLANI, MÈRE DE SOPHIA

Sofia Villani Scicolone, vrai nom de Sophia Loren, et Romilda : deux femmes bien différentes l'une de l'autre mais unies par une même sensation qui les lie aux personnages extraordinaires de *La Paysanne aux pieds nus*. La scène la plus forte et célèbre du cinéma italien (« Je ne suis pas folle ! Vous avez ruiné ma fille ! Malheureux ! Fils de pute ! ») renferme en elle tout le monde, les émotions, la rage, la joie et l'amour de l'actrice italienne la plus célèbre au monde.

Les larmes de l'actrice dans le film récompensé par un Oscar sont les mêmes que celles de la femme Sophia, qui pêche dans son bagage existentiel, de cette fillette timide, introvertie, abandonnée par son père, qui médite et qui a peur de la guerre. Cette fillette restera pour toujours à l'intérieur de la star mondiale, à l'intérieur de l'heureuse mère et l'épouse épanouie.

La vie de la femme italienne la plus désirée au monde doit être observée en gardant à l'esprit trois éléments fondamentaux : l'amour, la peur et la discipline. Sophia était une enfant peu distraite par les jeux, il n'existait pour elle que le devoir et l'envie de s'améliorer. Ses camarades de classe l'appelaient « cure-dent » à cause de sa maigreur, la petite Lella allait souvent à l'école avec la peur que l'on se moque d'elle, elle se sentait différente parce qu'elle n'avait pas de père et les enfants de l'école de la Pozzuoli du début des années quarante ne perdaient aucune occasion pour le lui rappeler. L'histoire de Sophia Loren est un conte de fée différent de ceux des stars américaines. Sophia a un sens profond de l'existence et comprend très tôt la valeur de la vie parce qu'elle risque de la perdre chaque jour ; c'est pour cette raison que la « diva » Loren n'a jamais eu de comportements autodestructeurs et, même dans les moments difficiles, elle a toujours réagi en construisant et en combattant exactement comme l'a fait sa mère, Romilda. Ce n'est pas un hasard si elle répondait toujours de la même façon à la question récurrente : « Qui est Sophia Loren ? » par un « Ma mère ».

La vie de Sophia a commencé avec de nombreuses journées sombres et grises. Des journées sans espoir d'amélioration qui deviennent tout à coup claires, belles et ensoleillées. Sophia n'aime pas parler de conte de fée, mais les faits parlent d'eux-mêmes. Deux Oscars, des reconnaissances au niveau international que l'on ne compte plus, un mariage parfait, deux enfants. « Mon enfance a été une expérience négative, avec la guerre, les Marocains, la pauvreté et le manque d'un père, mais, dans ma famille, il y avait beaucoup d'amour, c'est pour cette raison que je ne suis pas devenue une personne désabusée : je suis optimiste, je me réveille chaque matin en étant convaincue qu'une chose positive m'attend au coin de la rue ».

L'année des bombardements de Mussolini en Éthiopie, dans la clinique Regina Margherita de Rome, dans le service réservé aux mères célibataires, Romilda Villani met Sophia au monde : on est le 20 septembre 1934. Son père Riccardo Scicolone reconnaît sa paternité, puis disparaît ; il a refusé d'épouser Romilda, mais bizarrement, il reconnaît l'enfant comme sa fille. Pour la famille de Romilda, c'est une réelle humiliation. À Pozzuoli, Romilda était considérée une « fille de rien ». Malgré les circonstances, Romilda décide d'élever seule sa fille en lui épargnant des années de souffrance à l'orphelinat. Un acte très courageux car les filles mères provoquaient à l'époque un scandale que l'on ne peut imaginer aujourd'hui. La vie de l'ambitieuse Romilda s'annonçait très dure. Les circonstances semblaient vraiment terribles. Riccardo Scicolone, qui s'était présenté à Romilda comme appartenant à la Rome aisée, un homme riche et avec un pied dans le monde du cinéma, n'était en fait qu'un homme sans argent et sans travail. Au début, l'apprenti ingénieur voulait aider Romilda et le bébé, mais quand il se présenta chez sa mère avec la jeune et belle femme de Pozzuoli et sa fille, la douce grand-mère dit : « Mais pourquoi tu n'as pas fait mourir cette enfant ? Comment on va faire maintenant ? Moi, je n'en veux pas de ces deux-là chez moi ! ». Riccardo fait son choix de vie et abandonne sa nouvelle famille. Romilda se retrouve ainsi sans personne à ses côtés et sans argent. La vie était en train de changer le sort de l'artiste « Villani ». Elle qui voulait faire du cinéma, elle qui voulait être reconnue comme une pianiste de niveau mondial se retrouve tout à coup seule et marginale dans une ville comme Rome. C'est pour cette raison qu'elle décide de rentrer à Pozzuoli, après avoir cherché en vain un travail. La passion pour l'art était pour Romilda quelque chose d'inné, une ambition qui pouvait aussi être une issue de secours pour se sortir d'une situation « anormale ». Oui, la jeune femme était « anormale », « méchante », « une fille de rien ». Des mots durs mais qui rendent l'idée de ce que pouvait vivre une fille-mère de dix-neuf ans sans homme à ses côtés dans un pays fermé, bigot, provincial comme l'était l'Italie en 1934. La situation a changé aujourd'hui, il y a eu la guerre, le boom économique, l'émancipation des femmes et l'émancipation sexuelle mais l'acceptation du « nouveau » est encore difficile dans un pays qui semble être imperméable aux changements et dans lequel une femme comme Romilda serait aujourd'hui un exemple d'éthique, de responsabilité, d'envie et de courage de changer. Comprendre cette fille de Pozzuoli est fondamental pour comprendre les nuances et l'art de Sophia Loren. C'est seulement de cette façon que nous pouvons comprendre la joie de la protagoniste de *L'Or de Naples*, le drame de la femme au foyer d'*Une journée particulière*, la sensualité du strip-tease d'*Hier, aujourd'hui et demain* et la douleur de *La Paysanne aux pieds nus*.

La vie à Pozzuoli est dure pour Romilda mais sans aucun doute meilleure que celle qu'elle avait à Rome. Dans la capitale, Romilda avait eu des problèmes avec son lait maternel à cause d'un médicament qu'on lui avait donné à l'hôpital, tout de suite après la naissance de Sophia. Quand elle retourne à Pozzuoli chez sa mère et ses frères et sœurs, Romilda trouve une nourrice qui réussit à nourrir la petite. L'histoire de l'abandon et des problèmes de faim semble presque construite, mais la parabole de la vie et de la carrière de Sophia a été au contraire marquée par ces faits, ou mieux, par une série d'événements vraiment déconcertants. Romilda était éperdument amoureuse de Riccardo ou peut-être ne s'aimait-elle pas assez pour penser pouvoir mériter un homme disponible. Peut-être ! Le magnifique sosie de Greta Garbo utilisait les maladies, réelles ou imaginaires de « Lella » pour convaincre son Scicolone à revenir à Pozzuoli, elle trouvait souvent le moyen de lui dire que l'enfant allait mourir, la petite Sophia risquait de mourir, réellement ou non, tous les deux ou trois mois. Riccardo allait rarement à Pozzuoli, il voyait que l'enfant allait bien et rentrait à Rome alors que « celles-là » restaient à Pozzuoli.

Romilda pensait toujours à sa carrière au cinéma et au succès. Quand (avant la naissance de Sophia) elle gagna un concours comme sosie de Greta Garbo qui lui offrait un voyage à Hollywood, elle alla tout de suite le dire à sa mère, son rêve était d'aller aux États-Unis mais Luisa lui dit : « Ma fille, si tu vas aux États-Unis, tu mourras comme Rodolfo Valentino ! ». Luisa inventait des histoires incroyables de magie noire et de rituels qui auraient touché tous les acteurs américains. Malgré les interdictions de sa mère, Romilda décida quand même de partir pour Rome, un peu parce que c'était plus proche de sa Pozzuoli que les États-Unis, un peu parce qu'elle pourrait voir Riccardo.

L'actrice ratée tombe de nouveau enceinte et elle met au monde Maria en 1938. La grand-mère Luisa est choquée quand elle apprend la nouvelle mais décide de la pardonner. Avec un geste à mi-chemin entre la douleur et l'acceptation, elle lui met les mains sur les yeux et commence à pleurer. « Ma grand-mère était une femme énergique et forte, même si à cinquante ans elle avait déjà les cheveux gris et elle passait toutes ses journées à travailler et à attendre mon grand-père qui rentrait fatigué du travail. Lui, il lisait le journal pendant que ma grand-mère se défoulait sur la situation financière dramatique. Les difficultés de la vie avaient transformé son visage, l'avaient marquée mais tout ce « vécu » la rendait encore plus vivante, je me suis inspiré à elle quand j'ai tourné *Une journée particulière* avec Ettore Scola ».

L'or de Pozzuoli

« Par nature, je ne pense pas souvent à l'avenir. Au contraire, j'aime penser au passé, à ma vie et je suis très nostalgique de notre vie à Pozzuoli et de la grande famille que nous étions. Nous vivions l'un sur l'autre, nous dormions à quatre dans le même lit mais nous étions très unis. Je ne me rendais pas complètement compte de la guerre, Sophia était plus grande donc plus consciente de la terrible réalité. Elle était beaucoup plus sensible que moi. Son tempérament réservé, sa façon d'être toujours perdue dans ses pensées, tout ceci me faisait penser qu'elle était seule même quand nous étions tous ensemble dans la cuisine. Elle avait son monde. Moi, j'étais exactement le contraire, j'aimais la musique et je chantais tout le temps, surtout les chansons américaines que j'avais apprises avec les soldats qui venaient boire le café à la maison, dans le beau salon que nous avions transformé en bar. Je ne comprenais pas le sens des mots, mais cela n'avait pas d'importance ! J'avais de nombreux amis contrairement à Sophia qui me regardait avec ses grands yeux, à la fois incrédule et fière de moi ».

MARIA SCICOLONE, SŒUR DE SOPHIA

Maria naît en 1938 mais Riccardo refuse de reconnaître la paternité, c'est pourquoi la fillette ne porte que le nom maternel, Villani, sur les papiers officiels : elle est fille de N.N., *nomen nescio*. Cette situation provoque chez la fillette une grande sensation de honte et une grande douleur qui augmente encore plus quand elle commence à aller à l'école parce qu'il fallait à l'époque mettre le nom du père sur les documents scolaires. Cette énième situation humiliante est résolue des années plus tard par Sophia : avec son cachet pour le film *Aïda*, l'actrice va voir son père « doux et affectueux » et lui propose toute la somme que la production lui avait donnée (environ un million de lires) pour qu'il reconnaisse sa sœur Maria comme Scicolone. Le bon Riccardo y réfléchit une fraction de seconde et accepte très volontiers. Ce geste de Sophia en dit long non seulement sur son père mais sur tout son univers et sa vérité, ses élans affectifs, sa façon d'être. En 1993, quand le réalisateur américain Altman la fait tourner dans *Prêt-à-Porter*, il répond ainsi à la question escomptée et répétitive sur la beauté de Sophia : « Sophia ne touche pas les sens des hommes et l'âme des femmes du monde entier parce qu'elle est belle mais parce qu'elle est vraie ». Le réalisateur parle de vérité, un élément à la base de la recherche de tous les plus grands artistes. Aspirer à l'authenticité est pour un acteur l'apogée que l'on peut atteindre. Il suffit de voir la scène la plus belle du cinéma italien dans *La Paysanne aux pieds nus*, ou certains moments dramatiques des *Fleurs du soleil* ou encore la sensualité et la joie de vivre que Sophia exprime dans tous ces films pour apprécier l'affirmation du grand réalisateur américain. Paradoxalement, comme l'a déclaré l'artiste elle-même, à la base de tout ce monde expressif, on trouve justement son père, que Sophia rencontre uniquement trois fois dans sa vie : « J'avais cinq ans quand j'ai vu papa pour la première fois. Ma mère utilisait l'excuse de la maladie pour le voir. Quand il allait arriver à Pozzuoli ce jour-là, j'étais nerveuse et excitée, je savais que quelque chose d'extraordinaire allait se passer : je me rappelle que je me suis coiffée pendant des heures, que j'ai mis ma robe de fête, et la chose dont je me rappelle avec le plus d'enthousiasme, c'est que nous avons reçu l'homme mystérieux dans le beau salon, celui des réceptions importantes et que nous aurions utilisé comme bar pendant la guerre. Et c'est alors qu'apparut mon père, plus grand que mon grand-père et que mes deux oncles, élégant et très beau. Il m'offrit une voiture bleue avec l'inscription « Lella ». Ma réaction fut confuse, je ne le considérais pas comme mon père, un peu parce que c'était mon grand-père qui avait ce rôle et parce que mes références affectives étaient « mamma » (maman) Luisa (ma grand-mère) et « Mammina » (petite maman, Romilda). Quand on parlait de mon père à la maison, c'était uniquement pour en dire du mal. C'est pour cette raison que le mot « père » était seulement une étiquette qui ne signifiait rien ». Pourtant, la petite Lella regardait tout le temps cette petite voiture bleue ; quelques fois, les absences et les ombres sont plus incisives sur l'âme humaine que les présences. Son oncle disait toujours à Sophia qu'elle ne devait pas regarder ce jouet : « C'est stupide de regarder cette petite voiture et il ne faut pas faire de choses stupides ». Et oui, une enfant qui regarde une petite voiture et qui rêve fait du bruit, il y des urgences qui ne peuvent pas être négligées, il y a des personnes qui ne doivent pas être pardonnées, surtout un père qui offre un jouet puis s'en va et qui veut de l'argent pour reconnaître sa fille. Voilà pourquoi le mot « père » dans ce cas n'a plus de sens, c'est uniquement une étiquette. Dans l'esprit et le cœur de la fillette Sophia, à l'époque, des images, des pensées et des émotions se superposent et restent souvent inexprimées par peur ou parce qu'elle n'en connaissait pas la nature exacte. Même envers sa mère, Sophia éprouvait des sentiments de peur et de honte : « Quand elle venait à l'école, j'avais honte d'elle parce qu'elle était différente des autres mères des enfants de Pozzuoli, elle était très belle, la même peur et honte que je vois dans les yeux de mon fils Carlo quand je vais à l'école : il me regarde apeuré et je comprends qu'à cet âge-là la différence fait peur, qu'elle soit positive ou négative ».

Sa grand-mère Luisa, contrairement à son oncle qui empêchait la fillette de regarder la petite voiture bleue, observait et ne jugeait pas, elle organisait la maison, elle attendait que le grand-père rentre du travail, elle organisait tout. Elle cuisinait. Elle aimait. Un jour, alors qu'elle préparait un plat de pâtes aux haricots, elle commença à raconter l'une de ses histoires inventées à la petite Sophia. Luisa inventait, c'était une créative, une artiste à sa façon. Ce jour-là, l'histoire parlait du futur de sa petite-fille : « Tu auras du succès, tu vivras entourée d'amour, de bien-être et de bonheur et tu te souviendras de ces moments difficiles avec un souvenir lointain ». Des années plus tard, tout ce que « nonna » Luisa avait prévu se réalise. Ainsi, après le succès de *L'Or de Naples*, Sophia quitte Rome, rejoint sa grand-mère malade et lui offre un diamant avec l'argent qu'elle a gagné. Ce fut une rencontre mémorable entre les deux femmes, riche en émotions et surtout en communication, que nous avons du mal aujourd'hui à reconnaître comme réel. Peut-être que Luisa voulait simplement consoler sa petite-fille à l'époque des « prévisions » et qu'elle savait inconsciemment que la fillette avait besoin de s'entendre dire ces choses-là. Au-delà de toute analyse simpliste, à la mode aujourd'hui pendant les débats télévisés ou les lynchages sur Internet, Sophia gardera au fond d'elle ce souvenir de l'hôpital, ce sourire à mi-chemin entre la joie et le triomphe. Et surtout, la voix de sa grand-mère l'accompagnera même après sa mort, survenue six mois après « cette rencontre » à l'hôpital.

Les quatre journées de Naples

« Sophia était une fillette très sérieuse, elle préférait faire son devoir plutôt que jouer. Elle avait seulement deux amies, Rita et Rosa. Maria chantait et parlait tout le temps alors que Sophia chantait uniquement quand elle était avec nonna *Luisa, dans la cuisine ».*

Dora, tante de Sophia, qui a vécu avec elle
dans la maison de Pozzuoli

En 1940, à l'époque de la Seconde Guerre Mondiale, le port de Pozzuoli devint un objectif très stratégique. C'est pourquoi les incursions aériennes s'intensifièrent toujours plus. « À six ans, j'ai connu la guerre. [...] Je regardais les bombardements comme un spectacle et toute notre vie se déroulait dans le tunnel. Il n'y avait rien : nous n'écoutions pas la radio, nous n'allions pas à l'école, il n'y avait ni cinéma, ni bibliothèque, cela semblait absurde de penser à ces choses-là dans ce contexte. Nous vivions tous ensemble dans le tunnel sombre ». C'est ainsi que l'actrice se rappellera d'une partie de ces moments terribles.

Pour échapper aux bombardements fréquents, la famille de Sophia est obligée de se réfugier dans une galerie ferroviaire : c'était le tunnel entre Naples et Pozzuoli, « la Cumana ». Cet endroit devenait un boyau rempli de gens qui cherchaient un abri dès que l'alarme anti-aérienne retentissait. Il y avait ceux qui n'attendaient même pas l'alarme pour s'y rendre et ils y restaient pour avoir les meilleures places pendant la nuit tandis que des centaines de personnes errantes arrivaient avec des matelas et du mobilier pour dormir quelques heures. « Le meilleur lit du monde, il n'y avait aucune comparaison possible. Notre sort était le seul que nous pouvions imaginer. Rapidement, nous succombions tous au sommeil comme des soldats vaincus par la fatigue dans l'obscurité d'une tranchée. J'aimais surtout le moment du réveil quand mon oncle Mario me prenait la main et me faisait sortir dans les champs. Nous allions souvent dans une ferme pour boire du lait juste trait : c'était deux mondes, deux vies, l'une souterraine et suffoquée, l'autre fraîche et pure. Puis nous rentrions à la maison, je me lavais, je m'habillais et j'allais à l'école ».

Sophia était vive et ne supportait pas longtemps d'être enfermée dans une salle de classe : elle volait les cahiers de ses camarades et les cachait, elle se faisait gronder par la maîtresse parce qu'elle était souvent distraite, elle regardait les mandariniers par la fenêtre au lieu d'écouter les cours. À la maison, en faisant ses devoirs, elle repensait à Pinocchio qui écrivait sur un cahier avec du jus de mûre. Au lieu de l'encre qui coûtait trop cher et que l'on ne trouvait pas, elle utilisait quelques fois l'aniline diluée dans un verre d'eau. Le manque de nourriture devenait une vraie raison de jouer avec la fille d'une voisine qui préparait des prunes cuites aromatisées au vin savoureux du Vésuve. Elle, Maria et la fillette chantaient une chanson qui disait : « A tò, a tò, pirurella caracà et si tu m'attends, tu auras ce gage ». Le gage était ces délicieuses prunes que la voisine était heureuse de leur donner parce que les deux sœurs Scicolone faisaient sourire sa fille, trop grosse et souvent victime de dépression. Le jeu que les sœurs préféraient était le théâtre. La diva s'en rappelle : « Qu'y avait-il d'histrionique dans nos prestations artistiques ? Je n'en sais rien. Quand nous avions quelques lires en poche, nous achetions du papier coloré que nous utilisions pour nous fabriquer des vêtements de scène. Puis nous montions sur la table de la cuisine et nous improvisions un spectacle. Je ne retrouverai peut-être jamais une atmosphère joyeuse comme celle de notre innocente pauvreté de l'époque et qui était uniquement la toile de fond de nos spectacles : nos grands-parents et nos oncles et tantes nous regardaient pendant que notre mère jouait au piano dans une autre pièce. Nous n'avions pas le temps de ressentir l'absence de notre père. Nous chantions et nous dansions sur la table de la cuisine pendant plus d'une demi-heure, sans nous fatiguer, et comme nous le faisions généralement pendant l'après-midi avant de dîner, nous pouvions voir par la fenêtre le soleil se coucher sur l'amphithéâtre romain. Dans tout cela, il y avait quelque chose d'excitant qui nous laissait à la fin dans un état de douce ivresse, puis notre grand-mère me prenait dans ses bras et me disait en dialecte napolitain « Tu es un sucre » et elle me faisait un bisou ».

Un jour, la belle « cure-dent » est touchée au menton par un éclat d'obus. En temps de guerre, il était fréquent de perdre un œil ou d'être blessé. On vivait en équilibre instable, la terreur faisait partie du quotidien. La blessure resta sur le visage de l'enfant pendant longtemps, sans cicatriser.

Après avoir vécu dans des conditions absurdes à l'intérieur du tunnel, Romilda, comme presque tous les habitants de Pozzuoli, fut obligée de s'enfuir en trouvant refuge chez des membres de sa famille à Naples, qui offrirent, à elle et aux fillettes, une chambre au premier étage de leur maison. La solidarité existait encore entre les êtres humains, la guerre poussait à l'écoute et à l'empathie entre les gens. La crise était vécue avec dignité et un sens de la réalité que nous avons perdu aujourd'hui parce que le masque a pris la place du vrai visage des choses.

Sophia devait rester à la maison, ou mieux dans la petite chambre où elle habitait avec Maria et sa petite maman. Elle passait ses journées sur le balcon, en devenant ainsi témoin des horreurs de la guerre, elle assistait aux actes de violence contre des citoyens sans défense et c'était justement ses compatriotes qui commettaient ces « actes » parce qu'ils étaient obligés de combattre avec les troupes nazies... mais c'est malheureusement une autre histoire ! Le regard de Sophia était là, elle était témoin de quelque chose de plus grand et d'affreux, devant la fenêtre avec le menton blessé. La famille Villani reste à Naples pendant cinq mois. Pendant cette période, Maria est toujours malade et Romilda la soigne avec de l'eau et du sel. Le pain était la seule chose qu'elles pouvaient manger et Sophia raconte que pour jouer, sa sœur et elle faisaient des bonshommes avec la mie de pain noir et les mettaient sur la fenêtre. Le jeu ne durait pas longtemps parce que la faim était tellement forte que les fillettes finissaient par manger ces gracieuses « sculptures » qu'elles avaient réalisées. Après leur séjour napolitain, une fois la guerre terminée, les trois femmes rentrèrent à Pozzuoli. Chez les Villani, l'envie de faire et de se débrouiller ne manquait pas. Pour gagner un peu d'argent, ils ouvrirent une sorte de bar pour les soldats américains, l'endroit choisi était le beau salon. « Avant cela, je n'avais jamais vu un homme blond aux yeux bleus », se rappelle Sophia. Mamie Luisa vendait de la liqueur de cerise artisanale, Romilda jouait du piano et Maria chantait. Sophia faisait la vaisselle parce qu'elle était trop timide pour être au milieu du public. Rapidement, le bruit courut à propos de ce petit bar accueillant et les affaires commencèrent à aller plutôt bien, les soldats étaient généreux et apportaient même une partie de leurs rations à la famille. L'un des soldats, George Dial, en voyant les blessures sur le menton de Sophia voulut l'emmener voir le médecin militaire qui la soigna et la guérit parfaitement avec des herbes. Les cauchemars finissent, la vie semble parfois changer tout à coup. Le souvenir de la faim, la peur de mourir, la peur du noir restent dans le cœur de Sophia. Cette galerie « noire » où elle a vécu à Pozzuoli ne s'efface pas avec les Oscars et le succès ; les bombardements, la mie de pain cachée sont une réalité que Sophia Loren garde avec elle comme un bagage irremplaçable. Attention à ne pas renier les Quatre journées de Naples, attention à ne pas faire semblant de rien ; le courage sera, à partir de ce moment-là, l'arme gagnante de la diva italienne la plus célèbre au monde, le mordant et l'envie de se racheter seront la motivation qui poussera la fillette de ces « journées » vers Hollywood, en tant que représentante italienne d'une beauté à couper le souffle et au talent unique.

La maison de Pozzuoli était détruite. Les bombes l'avaient touchée et réduite en ruine. Quelqu'un l'avait même visitée et avait mis sens dessus dessous le peu qui était resté intact à l'intérieur. Sophia et Maria aidèrent les autres membres de leur famille à mettre du carton aux fenêtres. C'était le geste initial d'une reconstruction qui chassait les ombres et les douleurs et redonnait du bonheur. Romilda se retroussa encore une fois les manches. Elle profita de son talent artistique dans les bars afin de subvenir aux besoins de ses filles. Sophia alla au collège et s'inscrivit à l'école normale d'instituteurs. Elle grandissait impétueusement. Son corps prit en peu de temps les formes que nous connaissons tous. Maria finit l'école primaire. Elle avait toujours une belle voix et Romilda pensa qu'elle pouvait être chanteuse. La « napolitanité », comme l'appelle l'écrivain italien Raffaele La Capria, explosait chez les deux filles. « C'est la « napolitanité », le jeu de l'apparaître et de l'être qui a transmis au napolitain cet air si européen, si désinvolte, cette finesse d'esprit que l'on retrouve même dans les couches les plus populaires de la population. C'est la « napolitanité », ce subterfuge qui a donné au napolitain un rare sens de l'humour et de l'ironie grâce à la spectacularisation. C'est la « napolitanité », cette chose ineffable qui l'a rendu si léger, si prêt à ne pas se prendre au sérieux. C'est cette interrogation sur la légitimité à être qui l'a rendu si inquiet et agité. C'est la « napolitanité », cette chose ineffable, ou si l'on veut évidente, qui lui fait préférer le beau au vrai, le sentiment à la pensée… le napolitain ne se reconnaît pas et ne voudra jamais se reconnaître dans le modèle que lui offre le miroir de la « napolitanité ». Il « sait » qu'il n'est pas comme cela, il le refuse et en est parfois dégoûté. Mais il ne sait pas ce qu'il pourrait être en dehors de cela ». Sophia – avec une motivation qu'il faut insérer dans l'argumentation de La Capria – exalte toujours son origine napolitaine, comme quand au cours des interviews aux États-Unis, on lui demandera ce que cela signifie pour elle d'être la seule artiste italienne célèbre dans le monde entier, la star répondra toujours « Je suis napolitaine, c'est différent, très différent mes chers (*very different, darling !*) ».

Miss Élégance

« Sophia n'était pas ambitieuse par nature, s'ils l'avaient laissée tranquille, elle serait aujourd'hui une sereine enseignante de Pozzuoli. L'ambition de sa mère suffisait pour deux. Paradoxalement, une fois entrée dans la compétition, elle s'impliquait énormément, elle donnait toute son énergie. Si elle n'avait pas eu le talent pour devenir une grande actrice, elle aurait la meilleure dans n'importe quel domaine : la meilleure secrétaire, la meilleure enseignante, la meilleure vendeuse. Ceci parce que la jeune Scicolone faisait tout avec concentration, amour et patience. Trois éléments innés chez elle sans lesquels elle ne serait jamais devenue Sophia Loren ».

BASILIO FRANCHINA, AMI D'ENFANCE DE SOPHIA

À Pozzuoli, Sophia, tout juste adolescente, commence à fréquenter assidûment le Théâtre Sachino qui était à l'époque la seule possibilité d'entrer en contact avec le monde extérieur et qui servait également de cinéma. Après l'époque où, de la fenêtre de sa maison napolitaine, elle regardait les jeunes de sa terre se faire tuer par les nazis, elle se retrouvait maintenant au premier rang et rêvait avec les plus grandes stars hollywoodiennes : Tyrone Power, Rita Hayworth, Cary Grant. La jeune fille était tellement fascinée par la magie de l'écran qu'elle assistait parfois à trois ou quatre séances de suite. Entre temps, le corps de « cure-dent » était devenu d'une beauté renversante : même si Sophia ne se voyait pas belle parce qu'elle trouvait ses hanches trop larges et son nez trop long, les propositions de fiançailles commençaient à être de plus en plus fréquentes. Dans son autobiographie, l'actrice raconte qu'un professeur de gymnastique, bouleversé par sa beauté, alla voir le « général » Romilda pour lui demander sa main. La réponse fut sèche : « Prenez une bonne douche froide, si vous avez ces instincts ! ».

Sa mère cheftaine a bien d'autres rêves et projets pour sa fille et elle espère profondément qu'elle aura plus de chance qu'elle dans le monde du cinéma. C'est ainsi que « mammina » décide d'inscrire la belle jeune fille au premier concours de beauté de Naples, contre l'avis de ses parents, Luisa et Domenico, qui ne voulaient absolument pas entendre parler de cinéma et de ce genre de choses. En 1949, la très jeune Scicolone participe ainsi au concours de beauté « Reine de la mer », à Naples. Les sélections de ce concours se déroulèrent au « club » de la presse. La question de l'âge provoqua le premier incident de parcours. Une fois examinés les papiers, un membre du jury dit que Sophia ne pouvait pas participer parce qu'elle était mineure, elle fut donc éliminée et se cacha en larmes dans un coin. À ce moment-là, sa mère partit au quart de tour et réussit non seulement à faire réintégrer sa fille dans le concours, mais également à lui faire gagner le prix de « princesse » ainsi que les récompenses qui allaient avec : un service de table de douze pièces, vingt-huit rouleaux de tissu mural, une belle robe, vingt-cinq mille lires et un billet pour Rome. Ce billet qui conduisit madame Villani et mademoiselle Scicolone sur la route de *Quo vadis*. Les deux femmes, poussées inconsciemment par le besoin de se sauver et de récupérer l'harmonie perdue, quittèrent Naples et allèrent à Cinecittà. Elles avaient laissé derrière elles une ville ballottée entre Piedigrotta, les concours de beauté et les bâtiments qui ont poussé comme des champignons sur quelques kilomètres carrés, entre les retours des bourbons et les scandales politiques. Prises par leurs rêves de gloire, elles se mélangèrent aux figurants de *Quo vadis*. Mais Cinecittà les réveilla. Elles vécurent un épisode qui leur rappela immédiatement le goût amer d'un retour au passé. Après le tournage du film, au moment de toucher leur salaire, elles rencontrèrent une femme qui répondait au nom de « Scicolone ». C'était Nella Rivolta, la femme de Riccardo (l'homme ombre, le père qui n'était pas un père, le mari qui n'était pas un mari), elle aussi figurante et qui prétendait être la seule à avoir le droit de pouvoir s'appeler Scicolone. Une dispute éclata. Romilda perdit la raison et se jeta sur sa rivale. Le spectacle napolitain fut tout de suite interrompu par les organisateurs, mais cette scène ne laissa pas la très jeune Sophia indifférente. Cette scène ne se reproduisit pas à Salsomaggiore. La jeune fille de Pozzuoli réussit à entrer en finale du concours de Miss Italie en 1950. Elle participa mais ne gagna pas parce qu'Anna Maria Bugliari, fille d'un ancien chef partisan, l'emporta. Selon une règle tacite, le jury ne voulait pas récompenser les beautés qui se présentaient avec un air de « pin-up », c'est-à-dire les filles en maillot de bain dont les photos étaient destinées à être accrochées au-dessus des couchettes des routiers ou dans les chambres d'étudiants. Sophia méritait ses attentions et les jurés prirent peur, portant donc leur choix sur Anna Maria Bugliari, une beauté plus tranquille, plus rassurante, avec un père partisan. Romilda n'apprécia pas beaucoup mais, dans ce cas, comme nous l'avons dit, elle ne fit pas de scène même si elle se présenta à Dino Villani (membre du jury) comme « tante » de la jeune fille. Villani se rappelle : « Romilda était très active et douée comme ambassadrice et ce n'était pas très difficile pour elle de faire de la propagande pour Sophia, qui n'était bien sûr pas passée inaperçue. À cause de notre nom de famille, Romilda disait que nous étions de la famille éloignée, mais elle fut déçue quand je lui dis que si j'avais de la famille éloignée, elle ne pouvait pas s'appeler Villani mais Vellani parce que mon père, originaire de Modène, était né Vellani et seule une erreur sur le papier de congé militaire rempli en Afrique, pendant la guerre d'Abyssinie, avait changé notre nom de famille ». Romilda fut très déçue et dut se contenter d'un titre qui fut créé juste pour sa fille : Miss Élégance.

Les concours de beauté eurent, au-delà des titres et des déceptions, d'importantes fonctions à l'époque, en plus de celle d'offrir un avenir aux demoiselles pauvres qui y participaient : ils dévoilaient en effet deux mécanismes fondamentaux du cinéma italien. D'une part, ces concours servaient de réserves de belles jeunes filles que les producteurs auraient d'abord appréciées puis épousées. D'autre part, ils soulignaient le rôle central de la mère qui était quelques fois rebaptisée « tante » ou « grande sœur », cette mère qui est aujourd'hui appelée assistante personnelle mais qui participait en réalité à tous les mécanismes et aux stratégies ayant pour but de rendre populaires leurs « jeunes filles » et qui auraient contribué à un renouvellement générationnel dans le monde du cinéma. Une sorte de *tuteur*, comme on les appelle dans les *talent shows* plus modernes et ennuyeux. Ces mécanismes du producteur et de la mère avaient des précédents dans le cinéma américain et ils reflétaient le lien très fort entre une condition sociale démunie et le *star system*, le système qui transformait des inconnus en demi-Dieux grâce à l'argent qu'ils gagnaient et au délire qu'ils suscitaient. Les mères d'Hollywood avaient les premières commencé à considérer leurs filles les plus gracieuses comme une excellente possibilité d'investissement. Avec leurs pères, les jeunes filles trouvaient une opposition ; elles trouvaient un soutien chez leurs mères surtout si elles étaient veuves, séparées, abandonnées et, aux États-Unis, divorcées. Selwyn Ford observe : « C'est la raison pour laquelle on trouve un pourcentage incroyablement élevé de futures stars provenant de familles séparées, celles que l'on appellera plus tard les familles « dysfonctionnelles » : Joan Crawford, Barbara Stanwyck, Ginger Rogers, Lana Turner, Bette Davis et Marilyn Monroe ».

Amours en cours

« Nous avons passé quelques heures de l'après-midi ensemble. Puis j'ai donné du café, du sucre, de la farine et de la nourriture en boîte à sa mère…et j'ai demandé à un ami de les emmener toutes les deux à Pozzuoli avec la marchandise. Vous rappelez-vous de cet épisode, madame Loren ? Ou vous étiez trop jeune ? Moi, je me rappelle d'une fillette avec un petit manteau bleu, bien habillée, avec des gants en cuir marron. Vous étiez une charmeuse, déjà à cette époque ».

EXTRAIT DE LA LETTRE DU SOLDAT CHARLES DIAL

Sophia était aimée et désirée depuis son adolescence, le professeur de gymnastique de Pozzuoli comme nous l'avons vu demanda sa main au « général » Romilda, et les soldats comme Dial, des années plus tard écrivaient encore des lettres d'amour à cette fille simple, sensuelle et charismatique. Sophia conserve ces lettres avec elle parce que, même si ce sont de simples déclarations d'amour, élémentaires et naïves, elles représentaient son monde romantique. Avant le grand amour de sa vie, Carlo Ponti, ou mieux, au cours de la période que j'appellerais « l'intermède », au cours de laquelle la jeune fille attendait les promesses de son pygmalion, Sophia eut une brève relation avec une vedette de la chanson italienne, Achille Togliani. Une histoire toujours filtrée par la rationalité et par un besoin différent par rapport à de nombreuses actrices qui ont fait de leur vie privée une sorte de roman-photo, parfois même trop mélodramatique, révélateur d'autres problèmes et de dynamiques compliquées qui n'ont jamais appartenu à notre actrice.

Achille et Sophia s'étaient connus en 1951 quand la diva s'appelait encore Lazzaro et les deux posaient pour les romans-photos. Ils avaient les rôles principaux dans *Princesse en exil*, tiré d'un livre de Luciana Peverelli. Ils se plurent tout de suite. Mais Sophia semblait avoir très peu de temps. Après la dernière photo, elle s'échappait dans le bureau de Carlo Ponti. Togliani la courtisait poliment pendant les pauses. Mais leurs chemins prirent des directions différentes. Achille Togliani continua à faire des romans-photos et des films musicaux comme *Suonno d'ammore* (Son d'amour) et *Lacrime di sposa* (Larmes de mariée), tournés principalement à Naples. Sophia avait ses propres rêves, ses projets avec Carlo et le cinéma. Le hasard voulut que les deux travaillent ensemble en 1953 dans le film *Une fille formidable*. Sophia semblait plus disponible, alimentant ainsi les espoirs d'Achille qui furent toutefois vite déçus. Togliani dira : « Il y avait dix ans de différence entre Sophia et moi. C'était une histoire magnifique même si nous n'avons jamais habité ensemble. Disons que notre histoire a été une histoire traditionnelle. Je me rappelle que pendant la fête de Piedigrotta, moi j'habitais à Naples, elle, à Pozzuoli. Nous nous voyions le matin et nous allions à la mer à Licola puis, l'après-midi, elle m'accompagnait au théâtre et suivait mes spectacles des coulisses. Elle était capable d'être très courtoise et attentionnée. Les fêtes de Piedigrotta étaient très fatigantes et on transpirait beaucoup sur la scène. Parfois, elle me donnait une serviette, du parfum, du talc et un maillot de corps propre, tout ce dont j'avais besoin pour me remettre en forme avant la sortie suivante ». Ce fut une histoire d'amour très brève ; quelques mois plus tard, Achille comprit que leur relation traditionnelle était terminée. Sophia allait vers le succès mondial et surtout vers un autre « intermède amoureux » (si vous préférez un « essai relationnel », une expression si chère à une certaine littérature américaine), celui avec la star Cary Grant.

Dans une interview au quotidien britannique *Daily Telegraph* en 2008, Sophia Loren admit, des années plus tard, avoir été amoureuse de Cary Grant. Elle ne l'avait pas épousé parce qu'elle était liée à Carlo Ponti et parce qu'elle n'avait aucune intention de déménager aux États-Unis : « J'avais vingt-trois ans, je n'étais pas prête à quitter l'Italie. J'avais peur de changer complètement ma vie. Ma mère avait peur de l'avion et moi, j'avais peur de ne plus la voir souvent si j'habitais en Californie ».

Quand Carlo Ponti réussit à divorcer de sa première femme au Mexique en 1957 et à obtenir une licence pour épouser Sophia, elle tournait son deuxième film à Hollywood avec Cary Grant, Houseboat (*La Péniche du bonheur* en français) de Melville Shavelson, l'histoire de la fille rebelle d'un chef d'orchestre qui s'occupe des trois enfants d'un veuf fascinant. Le jour où ils devaient tourner la scène du mariage correspondit avec la nouvelle du vrai mariage (le premier, celui qui provoqua de nombreuses polémiques, célébré au Mexique) de Sophia et Carlo : « Cary me présenta ses vœux de bonheur pour ma nouvelle vie, mais ce fut douloureux pour tous les deux de tourner la scène du mariage, en sachant qu'il s'agissait uniquement d'une fiction. Je portais la traditionnelle robe blanche et un voile et Cary m'attendait devant l'autel. Quand nous nous sommes embrassés, j'avais envie de pleurer », raconte Sophia qui avait tourné *Orgueil et Passion* de Stanley Cramer avec l'acteur américain l'année précédente. Tout ceci était bizarre pour la jeune fille de Pozzuoli qui allait voir ses idoles au cinéma du village huit ans plus tôt. Elle était entrée dans ce monde, elle s'était donnée, elle avait mis au point un plan pour sa vie dans lequel il n'y avait pas d'espace pour l'instinct et les coups de tête. De nombreuses personnes tentèrent au cours de la carrière et de la vie de la star de découvrir son talon d'Achille, ses vices cachés ou des amants secrets. Beaucoup ne comprirent pas le rapport d'amitié et l'entente qu'elle avait avec Marcello Mastroianni. Tout le monde connaissait l'amour platonique et presque révérenciel que son ami Basilio Franchina éprouvait pour elle. Mais Sophia n'avait que Carlo comme point de référence, la confiance totale, le respect et l'abandon dans les moments difficiles étaient uniquement envers son producteur. Celles que l'on appelle les « confidences » que Sophia protègera jalousement, elle ne les faisait qu'à Carlo et elle se considérait très chanceuse parce qu'elle avait quelqu'un avec lequel elle pouvait faire tomber le masque, laisser tous les filtres que la société lui imposait pour pouvoir être simplement Sofia Scicolone. Chaque choix implique toujours de grands renoncements. Le choix de Sophia n'est pas uniquement éthique, il respecte tout d'abord ses impulsions les plus profondes. Quand l'artiste raconte sa rencontre avec Cary Grant et avec toutes les stars américaines dans son autobiographie, elle parle de son enthousiasme et nous fait entrer dans ce monde enchanté en mettant toutefois aussi l'accent sur d'autres aspects de la réalité hollywoodienne comme les contradictions excessives d'une société déjà tournée vers le délabrement et les secrets cachés de toutes les « fausses » divinités d'un monde plastifié et non réel. Sophia ne se leurre jamais. Elle réussit à aller au-delà des invitations à dîner dans des endroits de rêve, elle réussit à comprendre que ces émotions ne la mèneront nulle part, si elles ne sont pas contextualisées. Elle ne veut jamais s'éloigner de ce qu'elle est. Libre et ne rentrant dans aucun schéma préconstitué, la magnifique jeune fille napolitaine parle anglais, se donne de la peine, étudie et respecte la réalité américaine, mais elle ne l'exalte pas et ne s'identifie pas à elle. La raison du succès mondial, qui ne s'est répété pour personne d'autre, de Sophia Loren s'explique par cette internationalité innée et par le fait qu'elle n'a jamais fait semblant d'être « américaine » en imitant une façon d'être. Elle n'a jamais parlé en mal de ses origines et n'a jamais renié sa « napolitanité ». Sophia avait compris, notamment grâce à l'aide de l'avocat de quarante ans qui l'a fait naître (Carlo était plus qu'un mari, plus qu'un producteur, c'était l'avocat que tous les artistes voudraient avoir à leurs côtés, surtout aujourd'hui où les carrières semblent vouées à l'échec sans stratégie et sans moyens légaux forts), qu'elle devait s'appliquer continuellement et qu'elle ne devait pas bluffer, ou du moins elle avait l'obligation de valoriser ses parties de vérité et de les porter à l'extrême sans peur. Ce n'est pas un hasard si elle devint, aux États-Unis, une amie intime d'Anna Strasberg, épouse du grand directeur de l'*Actor's Studio* américain. Strasberg part de Stanislawski et amène aux États-Unis la méthode de jeu qui, partant de la vie personnelle et des souvenirs émotionnels de l'acteur, canalise ces expériences et les utilise pour donner du corps et de la profondeur aux personnages. Sophia réussit à se transformer au cours de sa carrière avec toutes les femmes qu'elle interprète. Dans les personnages auxquels elle donne vie, elle réussit à donner ce *quid* en plus qui les rend complètement différents et adorables en même temps. Même si elle n'a pas étudié la méthode du mari de sa meilleure amie américaine, Sophia réussit à transmettre les nombreuses émotions et vérités de la même façon que les plus grandes stars de la célèbre école internationale, et cela la rendra populaire au niveau planétaire.

La popularité que Sophia Loren a obtenue dans le monde entier est presque miraculeuse dans l'Italie de

1957. Avant cette date, jamais une actrice ou un cinéaste italien n'avait réussi à se faire remarquer par des producteurs et des financiers américains pour entrer et surtout se faire accepter de façon stable dans leur cinéma. Caterina Boratto, au début des années quarante, avait été convoquée par les Américains, mais elle était rentrée en Italie peu après déçue par ce qu'elle n'avait pas pu faire malgré les promesses flatteuses. Alida Valli, d'abord avec Alfred Hitchcock qui la voulut en 1948 pour *Le Procès Paradine* puis avec Carol Reed, qui l'inséra l'année suivante dans *Le Troisième Homme* aux côtés d'Orson Welles, avait eu deux occasions importantes qui n'avaient eu de suite. Même mésaventure pour Isa Miranda qui, après *Hotel Imperial* (1939) et *La Femme aux diamants* (1940), tournés à Hollywood, deux échecs, retrouva confiance en Italie avec *Malombra* de Soldati et *Zazà* de Renato Castellani en 1943. Les actrices italiennes ne plaisaient pas. Au contraire, Ponti et Sophia surent ensemble affronter toutes les contradictions et les préjugés des Américains envers l'Italie, une entreprise impossible, réalisée grâce à la volonté et aux techniques de marketing mais également au talent incroyable de l'artiste italienne qui unissait beauté et harmonie intérieure : des éléments qui ont rendus fous les spectateurs outre-Atlantique. Dans tout ce projet précis et planifié, il faut contextualiser l'histoire romantique avec Cary Grant qui détermina le choix de Ponti de par sa passion pour la diva. Le producteur se rendit vite compte qu'il devait agir, autrement la magnifique actrice aurait volé vers d'autres horizons. C'est ainsi qu'il décida de quitter définitivement sa femme qui était désormais le seul obstacle – bien que très difficile à franchir – empêchant la concrétisation de son rêve d'amour. Les vœux se réalisent parfois, d'autres fois non, la fillette de Pozzuoli profitait de son couronnement hollywoodien en attendant d'être complètement satisfaite de sa vie privée.

Quand Sophia arrive à Hollywood, elle est pleine d'attentes mais elle fait toujours très attention et n'alimente aucun type d'illusion. « Quand j'ai vu Hollywood pour la première fois, je n'ai pas été émerveillée parce que c'était exactement ce que j'avais toujours imaginé. Un paysage splendide, des villas avec des piscines, des voitures énormes. Le drive-in a été la chose que j'ai le plus aimée, manger dans la voiture m'excitait et c'était une chose que je n'avais jamais faite. À Hollywood, tout était nouveau pour moi, surtout le style de vie qui était complètement différent de celui auquel j'étais habituée. Les gens avaient toujours l'air d'attendre une nouvelle exceptionnelle, une de celles qui changent votre vie pour toujours. Je croyais que l'on pouvait très bien vivre là-bas mais, en même temps, j'ai tout de suite compris l'importance fondamentale et excessive qu'avait l'industrie du cinéma pour tous ces gens. La présence de Cary fut pour moi la chose la plus importante, au-delà de notre feeling, parce qu'il provoqua une crise entre Carlo et moi et cela l'obligea à prendre une décision nette par rapport à son épouse. En tout cas, je crois que l'existence a un sens et les choses les plus importantes arrivent uniquement après une crise, si on ne fait rien pour changer les choses, si on n'affronte pas les moments difficiles et sombres, rien n'arrivera jamais, rien ne se produira jamais ». Les mots de la diva nous permettent de comprendre encore mieux pourquoi elle prit le risque de se fiancer avec un homme marié. Dans cette bataille, elle s'opposa également à sa mère. Romilda voulait le meilleur pour ses filles et pour Sophia en particulier, elle voulait un mariage normal et des enfants, elle ne voulait pas que sa fille souffre comme elle avait souffert elle-même. Elle ne s'attendait bien sûr pas à une attente de seize ans avant de voir sa fille mariée.

Aujourd'hui, le concept de mariage à tout prix fait presque sourire mais, à l'époque, trouver un mari et se ranger étaient un objectif fondamental aussi bien pour les stars que pour les femmes de province, la vie pour une fille se résolvait de cette façon. La cérémonie catholique était presque un devoir, un dogme à respecter, quelques fois sans l'amour et l'entente entre les époux. Le fait de « se ranger » devenait pour la femme une façon de pouvoir s'affirmer, même s'il ne s'agissait que de s'affirmer entre les murs domestiques. Ce n'était sûrement pas le cas de la merveilleuse actrice, même si l'idée de la « régularisation » faisait partie intégrante d'une femme née en 1934 et qui avait vu la Seconde Guerre Mondiale. Sophia avait compris que seule, elle n'aurait pas eu la force nécessaire pour affronter sa vie et sa carrière, elle avait besoin d'un père, d'un ami et d'une personne complète à laquelle se donner, mais surtout, sur qui elle pouvait compter. L'amour pour la fille de Pozzuoli était principalement cela, les passions pouvaient être fortes et d'impact immédiat mais l'entente pour toute la vie était une autre chose. Le devoir était pour la merveilleuse Sophia la première chose. Sa façon d'être était presque stoïque, au-delà de tous les préjugés qui la voulaient froide et calculatrice, Sophia Loren, depuis le début, avait expliqué sa personnalité sans tomber dans les méandres du vice ou de la perdition. Il aurait été facile de se perdre à Hollywood. C'était les années d'or, comme l'a dit Sophia, tout le monde voulait faire du cinéma et tous attendaient le *deus ex machina* qui écouterait leurs exigences. La drogue, l'alcool, des vies suffoquées par l'image, des acteurs de série B venant de toutes les couches sociales et surtout de situations de difficultés familiales que le monde du spectacle ne faisait qu'amplifier : c'était l'autre face d'Hollywood. Sophia ne buvait pas, elle ne prenait pas de calmants, elle ne consommait pas de drogue et n'avait pas une vie dissolue. Son image semblait très loin des stéréotypes de l'artiste « beau et damné ». Pourtant, cela plaisait aux Américains. Une beauté vraie, un corps sculptural, une spontanéité typiquement italienne, mais vidée de ce drame « latin » qui énerve les Américains dans les années cinquante. Sophia joue ses rôles, elle s'amuse, elle joue en anglais et ne se comporte pas comme une diva. Tout ceci rend folle une population qui voit dans les valeurs moyennes la plus grande réalisation. Sophia Loren a une éthique qu'elle appliquera également à ses plus grandes interprétations. Elle canalise ses douleurs et ses peurs dans l'art. Elle remercie cette possibilité que la vie lui a donnée ; elle se lèvera pour cette raison tous les jours à cinq heures du matin, se promènera, étudiera les langues et lira un peu de tout, elle sera toujours ponctuelle sur les plateaux de tournage et ne fera jamais de scène pour montrer qu'elle est la numéro un et que tout le monde doit être à ses pieds. D'autre part, l'actrice n'a jamais dit qu'elle était une anti-diva et qu'elle représentait la femme de la porte d'à côté. Les États-Unis ne lui auraient jamais pardonné un mensonge si éclatant ! Et puis dans les années suivantes, d'autres artistes y ont pensé à sa place à construire leur petite fable de femmes simples, aux valeurs de petits bourgeois, faisant de vaines tentatives en appliquant les tactiques et en copiant celles qui sont vraiment artistes dans l'âme et qui n'ont pas besoin d'escamotages et de stratégies marketing. « À Hollywood, on parle uniquement d'argent et des rôles qui étaient attribués ou qui avaient été volés par la pistonnée du moment. Le cinéma était presque une obsession, on parlait rarement de politique ou d'actualité à table. Quand on m'invitait à dîner, la conversation était très différente par rapport à l'Italie. Les acteurs et les réalisateurs parlaient de la façon dont un cachet leur avait donné la possibilité d'acheter un Modigliani ou une voiture à la mode, souvent je ne m'identifiais pas à leurs histoires. J'ai rapidement commencé à comprendre la technique de jeu américaine, je perfectionnais mon anglais et j'apprenais une autre façon de faire du cinéma. C'était comme retourner à l'école. J'ai vite compris qu'Hollywood ne m'aurait pas permis d'atteindre un haut niveau artistique parce que seulement en Europe, et en particulier en Italie, avec ma langue maternelle, j'aurais pu exprimer toute ma capacité d'actrice ». Sophia prend donc conscience que son futur artistique, et pas uniquement, aurait été en Europe. Cary se rendit parfaitement compte de ce changement. Même s'ils continuèrent à travailler ensemble, Sophia devenait distante et la star américaine s'en rendait très bien compte. Cary de son côté ne prit jamais une position précise parce qu'il continuait à avoir des nouvelles de sa petite-amie. Le destin de Sophia était clairement tracé, on ne peut pas toujours décider de tout, les événements et la vie même font pour nous ce que nous n'arrivons pas à faire : ces jours-là, Sophia découvre qu'il est en effet même possible de se marier pour la seconde fois au Mexique comme l'avait fait une certaine Louella Parsons. Dix ans après le mariage au Mexique, Cary Grant alla voir son « amie ». La star venait juste d'accoucher de son premier enfant : « Il m'a dit qu'il voulait seulement me dire bonjour et me féliciter, mais il était très triste. Je lui ai donné le bébé dans les bras et je l'ai regardé dans les yeux. Il y avait des larmes dans les yeux de Cary. J'ai alors compris combien il m'avait aimée. J'ai compris que le mariage et l'enfant n'auraient pas été adaptés à Cary et moi comme couple… nous avions suivi des chemins différents et c'était mieux ainsi ».

Un mari pour Sophia

« La première fois que j'ai vu Sophia, j'ai été plus touché par sa personnalité que par sa beauté. Elle avait quelque chose de charismatique et d'imperceptible qui m'avait impressionné. Elle m'avait transmis toute sa maturité et sa grande détermination. Elle était concentrée sur son désir de devenir actrice, mais elle était en même temps timide et réservée. Ce mélange unique m'avait touché. Le soir du fameux concours de beauté, Sophia vint me voir et commença à me raconter toute sa vie. Même si elle était adolescente, c'était l'homme de la maison, on aurait dit que tout dépendait d'elle. Puis elle me parla de la guerre, de la faim et de sa mère pour laquelle elle éprouvait une profonde reconnaissance. Sophia est sans aucun doute l'une des femmes les plus belles que je n'ai jamais vues mais je dois être sincère : elle a un caractère difficile. Parfois, je ne suis pas d'accord avec elle, mais c'est toujours grâce à nos divergences que nous allons de l'avant. Ce qui m'a toujours attiré chez Sophia, c'est son sens artistique que je retrouve dans sa façon d'être magnifiquement femme. Oui, parce que je parlerais plutôt d'elle comme une artiste que comme une actrice. Difficilement dans ma vie, j'ai rencontré une grande actrice qui est en même temps une vraie femme. Peut-être que Marylin pouvait avoir ce potentiel mais elle a subi l'influence négative d'Arthur Miller : Marylin était une

fleur merveilleuse plantée dans la mauvaise terre. Cela n'a pas été le cas pour Sophia. Elle savait ce qu'elle voulait, elle connaissait parfaitement ses besoins ; elle connaissait également l'importance de la beauté intérieure, ou mieux, de l'harmonie dont elle avait besoin ; la beauté extérieure devait donc coïncider avec son monde intérieur. Elle ne s'aimait pas beaucoup. Elle trouvait son nez trop grand, ses hanches excessives, son visage peu aligné avec les stéréotypes esthétiques de l'époque. Elle n'était pas consciente de son potentiel physique. Moi, oui ! J'avais conscience de ses possibilités. La chose qui m'a surpris le plus, c'était son sérieux et le fait qu'elle n'était pas intéressée par l'argent comme la plupart des autres filles que je rencontrais pour le travail. Pour Sophia, l'important était l'implication et les études, elle avait compris que c'étaient deux choses indispensables si elle voulait faire du cinéma. La magnifique napolitaine qui vint me voir à mon bureau à Rome tout de suite après le concours de beauté voulait devenir actrice mais elle me fit comprendre dès la première rencontre qu'elle n'avait pas l'intention d'utiliser le « canapé » comme rampe de lancement pour sa carrière ».

CARLO PONTI, MARI DE SOPHIA LOREN

La première rencontre du célèbre couple du cinéma se déroula au cours d'une soirée de septembre, dans le cadre romain de l'Oppius. Sophia avait seize ans et Carlo déjà trente-huit. Ponti vit la magnifique Sophia et la poussa à participer au concours. Elle ne gagna pas cette fois-là non plus. Mais le résultat fut plus pragmatique : un rendez-vous avec Monsieur Ponti le lendemain dans son bureau. La différence d'âge, la puissance professionnelle du producteur, les allées et venues de réalisateurs et de scénaristes prêts à créer un personnage sur la pupille du chef, ne pouvaient pas ne pas créer un ascendant sur la jeune femme. Carlo fut ébloui par le monde de Sophia, par sa spontanéité et par son extraordinaire beauté, bien sûr. Le premier rendez-vous marqua une belle entente. Sophia, qui apprenait avec un réalisateur russe (Pietro Sharoff) les premiers éléments du métier d'actrice, fut tout de suite admise pour un casting. Le premier d'une longue série d'échecs. Ces castings ratés marquèrent le futur de l'actrice et surtout de la femme, Sophia, qui construisait les bases de son avenir, de son existence pas uniquement professionnelle. Carlo Ponti était un avocat de Milan, presque quarante ans, marié, deux enfants. Vers 1940, le jeune ambitieux avait commencé à s'occuper de cinéma dans sa ville pour suivre les affaires de l'un de ses clients qui travaillait dans le secteur de la distribution. Il était ensuite entré comme producteur dans la société Lux, l'une des plus importantes maisons de production italiennes qui avait commencé en 1935 avec *Don Bosco* de Goffredo Alessandrini et qui avait dans son catalogue *La Couronne de fer* (1941) de Blasetti, *I promessi sposi* (1941) de Camerini, *Malombra* (1942) de Soldati. Avec la société Titanus qui produisait *Pain, amour et fantaisie* (1953) de Comencini, la société Lux faisait partie des rares sociétés qui se partageaient le marché italien en contrastant les Américains qui devenaient chaque année plus envahissants. Quand il connut la jeune femme de Pozzuoli, l'avocat venait de créer une société avec son ami-ennemi De Laurentiis. Tous les deux dépendaient et « utilisaient » Gualino, ils comprirent rapidement qu'au-delà des rivalités, ils devaient s'unir et ils créèrent ainsi la célèbre maison de production Ponti-De Laurentiis. De Laurentiis était en couple avec l'actrice Silvana Mangano, mais il paraît qu'il enviait Carlo à cause de la très sexy Sophia. Cet élément arriva aux oreilles de Silvana et provoqua la première crise entre l'actrice et le producteur. Le couple gagnant Sophia-Ponti était en train de se former. Le binôme parfait prenait forme au milieu de multiples difficultés. Carlo était en effet marié avec la comtesse Giuliana Fiastri, le mariage était sacré, du moins sur le papier, et il n'y avait aucune possibilité, même infime, de voir un éventuel divorce entre les deux. Après les premières rencontres et une fois l'attraction envers Carlo comprise, Sophia bloqua tous ses instincts les plus naturels parce qu'elle ne voulait rien faire avant le mariage : « J'avais grandi dans un monde fermé dans lequel les normes morales avaient une grande importance. Naturellement, les problèmes qui étaient arrivés à ma mère étaient pour moi un avertissement pour ne pas avoir de rapports avant le mariage. Tout cela ne signifie pas que nous ne nous abandonnions pas Carlo et moi à quelques effusions, mais il y avait une grande différence entre nos effusions et un vrai rapport sexuel. Carlo était conscient de mes peurs et de mes réticences, il savait que je n'étais pas l'une des nombreuses jeunes filles accessibles et il n'essaya jamais d'aller plus loin. De ce que j'ai su, il avait toujours des rendez-vous avec des petites actrices de rien du tout. Sa femme ne semblait pas y faire attention. Elle ne se sentait pas menacée parce qu'elle voyait son mari sortir avec des femmes toujours différentes. C'est pour cette raison que nous nous rencontrions toujours en cachette ».

Sophia rencontre Carlo à un moment particulièrement délicat de sa vie. Elle avait commencé à travailler pour les romans-photos sous le nom de « Sofia Lazzaro » et elle vivait à Rome avec sa mère et sa sœur Maria. Elle se donnait du mal et s'impliquait beaucoup pour pouvoir entretenir la petite famille Villani.

Malheureusement, un fait grave risqua de bouleverser la vie des trois femmes et surtout de briser la carrière du jeune espoir du cinéma. Un matin, les carabiniers frappèrent à la porte de chez elle, en présentant une plainte officielle. L'accusation était horrible : les trois auraient travaillé dans une maison close, autrement il était impossible d'expliquer comment elles pouvaient vivre sans travailler. Elles furent emmenées au commissariat, elles furent assaillies et agressées par des questions terribles. Sophia se rappellera de cet épisode comme d'un cauchemar, une parenthèse à oublier. Pourtant, la jeune démontra qu'avec les « Bandes dessinées » (c'est ainsi que l'on appelait les romans-photos) et les quelques rôles qu'elle avait au cinéma elle réussissait à entretenir la famille. L'auteur de cette infamie était encore une fois le même homme : l'homme ombre, le père qui n'est pas un père, l'inaffectif, le Romain qui cherchait l'approbation, l'ingénieur raté, le faux respectable : Riccardo Scicolone. Riccardo détestait ces femmes et voulait qu'elles soient pauvres et marginales. Certains amis de la diva parlent d'une véritable jalousie de l'homme envers sa fille. Ce n'était pas un saint parce qu'après ce fait déconcertant, d'autres arrivèrent. Cette fois, le protagoniste ne fut pas seulement Riccardo, mais également son épouse de l'époque, Nella Rivolta, la femme qui, comme nous l'avons vu, revendiquait le nom de Scicolone pendant l'appel pour les paiements des figurants de *Quo vadis*. Nella s'était séparée de monsieur Scicolone et elle avait décidé toute seule de mouvementer et d'alimenter toute sa rage contre son existence et elle-même contre les trois femmes. Aujourd'hui, madame Rivolta recevrait probablement une plainte pour harcèlement : des lettres, des menaces, des coups de téléphone anonymes. La femme ne laissait jamais les trois rivales en paix, elle disait que Romilda avait obligé Riccardo à reconnaître Sophia et Maria. Nella était jalouse de l'actrice prometteuse, elle ne supportait pas son ascension et n'arrêtait pas de faire des déclarations contre elle. L'affaire s'arrêta au tribunal quand Maria avait désormais dix-sept ans. La sentence reconnut à Maria « le plein droit de porter le nom de famille de son père ».

Nella Rivolta n'avait plus le droit de harceler Romilda Villani et sa fille Maria. La relation entre Carlo et Sophia s'est renforcée ultérieurement suite à toutes ces histoires alors que le mariage du producteur avec Giuliana Fiastri semblait désormais destiné à la rupture définitive. Sophia ne voulait pas être la deuxième femme de Carlo. Sa carrière explosait, après *L'Or de Naples*, la célèbre pizzaïola plantureuse, extravertie et sexy devient une réalité. De nombreuses personnes se demandaient si Sophia était uniquement un produit de Ponti : les jalousies commençaient justement après la rencontre De Sica-Loren-Ponti qui aurait porté la star au succès mondial. De 1950 à 1966, l'année du second et dernier mariage entre les deux (ils avaient en effet dû se marier au Mexique, plusieurs années auparavant, à cause des difficultés pour l'obtention du divorce en Italie), Sophia connaît un niveau de popularité et une série de reconnaissances qui la consacreront « diva pour toujours » : *La Fille du fleuve*, les grands triomphes aux États-Unis avec des films comme *La Péniche du bonheur*, l'Oscar pour *La Paysanne aux pieds nus*… Parmi tous ces grands succès, nous devons toutefois insérer, dans sa vie privée, une série d'exils et de fuites : pour Sophia, le destin de femme semblait en effet être empreint de malchance.

Après les succès américains et les fuites à l'étranger pour pouvoir vivre tranquillement leur histoire d'amour, Carlo décide de demander l'annulation de son mariage à la Rote romaine, poussé par la peur de perdre l'être aimée qui était désormais courtisée par les stars les plus à la mode, en premier lieu le très charmant Cary Grant. Ils avaient tenté d'éviter l'entreprise impossible de l'annulation religieux italien avec un divorce obtenu au Mexique. Le 17 septembre 1957, Carlo et Sophia se marièrent par procuration à Ciudad Juárez. La nouvelle du mariage fit scandale dans toute la péninsule. Carlo Ponti fut accusé de bigamie et l'indignation populaire arriva à pousser une femme au foyer catholique milanaise, Luisa Brambilla, à porter officiellement plainte contre le couple devant la magistrature parce qu'ils salissaient la sainteté du mariage.

On parlait pour Carlo et Sophia d'excommunication pour bigamie et concubinage. Entre temps, la magnifique et fascinante Sophia déclarait aux médias du monde entier : « C'est mon mari, peu importe si le mariage au Mexique est valable ou non, moi, je me considère mariée ! J'ai été menacée d'excommunication ? Et pour quelle raison ? Je suis simplement tombée amoureuse d'un homme dont le premier mariage était fini depuis longtemps et moi, je voulais être sa femme et avoir des enfants avec lui ». La situation était quand même insoutenable et il fallait que les deux annulent le mariage au Mexique pour éviter la prison à Carlo. C'était en 1962. L'amour entre les deux ne connaît aucune limite, c'est pourquoi Carlo demande et obtient la nationalité française pour eux deux. Le 9 avril 1966, le producteur et l'actrice peuvent finalement se marier en France. Les noces furent simples, sans trop d'excès, mais Sophia était la plus heureuse des femmes parce qu'elle devint Madame Ponti à Sèvres, près de Paris. Une cérémonie civile avec peu d'amis. Même la mère de Sophia était absente. Romilda était restée à Rome parce qu'elle avait peur de l'avion. Au contraire, sa sœur Maria et son ami de toujours Basilio Franchina étaient présents. Carlo portait un costume élégant, gris avec une chemise blanche et une cravate noire alors que Sophia avait une robe blanche à col montant et très raffiné. À trente-deux ans, la diva effaçait un souvenir douloureux pour elle et pour sa mère Romilda, la vieille blessure de Riccardo absent devant l'autel. Sophia se préparait finalement à réaliser un autre grand rêve, celui de devenir mère. Donner de l'amour était pour Sophia la chose la plus importante. Elle avait grandi avec ce type de prédisposition. Elle avait suivi sa mère et sa sœur, elle avait pris soin d'elles et elle avait, en un certain sens, construit tout son univers uniquement par amour. Et elle voulait continuer sa vie par amour. Le cinéma était très important, mais la star déclarera de nombreuses fois : « Si pour travailler et devenir une star, j'avais dû renoncer à être une femme ou, pire, si j'avais dû m'embarquer dans cette jungle de compétitions et de guerres absurdes auxquelles on assiste aujourd'hui, je n'aurais jamais réussi ! Si je n'avais pas eu Carlo à mes côtés dans les moments difficiles, je ne sais pas si j'aurais continué ma carrière ». Sophia vit une vraie relation, authentique, mais elle n'exagère jamais contrairement aux « divas » capricieuses et égocentriques tellement à la mode à la fin des années quatre-vingt. Ces femmes ont fait de leur vie un roman en couleurs et on a parlé plus de leurs tristes histoires personnelles, certaines fois inventées, que de leur valeur artistique. Sophia se dispute avec Carlo mais elle le fait à la maison, sans avoir besoin de le hurler au monde entier, elle n'en a pas besoin : « Si nous ne sommes pas d'accord sur des questions professionnelles ou nous avons des opinions différentes sur d'autres points, nous en parlons. Les vraies disputes sont silencieuses : nous ne nous parlons pas pendant des journées entières. D'habitude, elles éclatent quand nous sommes de mauvaise humeur, l'un des deux dit une phrase désagréable. Les vingt ans de différence entre Carlo et moi se ressentent quelques fois. Dans le sens que Carlo me considère comme sa fille et de nombreuses disputes dérivent de cela, mais elles se terminent rapidement parce que nous dormons pour oublier. Si le problème est plus sérieux, il faut quelques jours parce que nous sommes fiers et aucun des deux ne réussit à demander pardon. Nous nous ignorons jusqu'au petit-déjeuner ou au déjeuner quand lui ou moi recommençons à parler ». Même si elle admet qu'elle se disputait avec Carlo pour des raisons liées à leur différence d'âge, Sophia ne tolérait pas que l'on ironise sur cela ou sur les capacités sexuelles du producteur, à propos de certains rêves qu'elle faisait et qu'elle racontait distraitement dans les interviews. On trouve de nombreuses critiques, de nombreuses rumeurs et des imitations peu élégantes sur le couple. Les faits parlent d'eux-mêmes : l'actrice et le producteur ont été mariés de 1966 à 2007, année de la mort de Carlo.

Les amours sont parfois imperceptibles vues de l'extérieur, tout le monde est prêt à interpréter et à juger, sans connaître les éléments de base qui lient deux personnes dans l'intimité : l'actrice se retrouve ces années-là à devoir donner des conseils inutiles à sa sœur qui allait épouser Romano Mussolini. Sophia respecte toujours l'univers des autres et a une délicatesse et un tact qui la rendent spéciale, comme le déclarera plus tard Marcello Mastroianni. C'est sans aucun doute aux États-Unis qu'elle a développé ces caractéristiques mais il ne s'agit pas uniquement de diplomatie mais plutôt de compréhension et d'ouverture mentale. La culture et l'implication. La diva sait que cela ne sert à rien de s'énerver pour le retard d'une voiture ou contre l'odieux et prétentieux Marlon Brando, sur le plateau de tournage du film de Chaplin, *La Comtesse de Hong-Kong*. Elle ne juge pas. Elle a un passé de « réalité » bien plus fort et profond qui va au-delà du petit, elle transforme ses instincts les plus bas et les transporte dans ses merveilleux personnages. Basilio

Franchina, qu'elle rencontre pour la première fois sur le tournage de *La Fille du fleuve*, fut le premier à découvrir la grandeur expressive et le merveilleux monde riche en nuances de la femme la plus belle du monde. Il la poussa à transporter ses peurs sur les plateaux, pas uniquement sa sensualité et son ironie. Sans préjugé parce que le cinéma est vérité et les gens comprennent quand, derrière l'interprétation, on trouve le faux et le travestissement. Sophia est la seule actrice italienne qui réussit à se transformer. Elle passe d'un personnage à un autre sans avoir besoin de rester liée à un masque. Le cinéma italien – ou mieux, l'acteur italien – même plein de talent, reste lié à une tradition réductrice dans ce sens : la *commedia dell'arte* qui voulait des rôles fixes basés sur un canevas qui était en fait le scénario du spectacle. L'acteur devait uniquement reproduire son personnage en mettant en évidence ses capacités histrioniques d'acteur, mais il ne se transformait pas. Arlequin restait Arlequin, Colombine était toujours Colombine, quelle que soit la comédie. Cette tradition fascinante est interrompue par de rares acteurs en Italie. Aujourd'hui encore, les artistes italiens tendent à rester liés à leur masque théâtral, ils ne sont parfois pas capables de se transformer, parfois on ne leur donne pas la possibilité de « jouer » réellement. Sophia réussit à être toujours différente : *La Paysanne aux pieds nus*, *Hier, aujourd'hui et demain*, *Aida*, *La Favorita*, *Les Fleurs du soleil*, *Mariage à l'italienne*, *La Péniche du bonheur*, *Une journée particulière*. Chaque femme interprétée par Sophia Loren change de registre, d'expression des yeux et surtout de corps. De napolitaine sensuelle et magnifique dans *L'Or de Naples* à femme au foyer frustrée dans *Une journée particulière*, de mère désespérée dans *La Paysanne aux pieds nus* à super sexy (qui peut oublier le strip-tease pour Mastroianni dans *Hier, aujourd'hui et demain* ?). Sophia change toujours, un réalisateur comme De Sica saura optimiser le talent de la star mais si mademoiselle Scicolone n'avait pas écouté, n'avait pas eu l'humilité et l'envie d'apprendre, le monde du cinéma n'aurait probablement jamais connu une grande dame et une grande artiste comme Sophia Loren.

Une journée spéciale

« Sophia misait plus sur l'anglais que sur l'italien. Je me rappelle d'une magnifique réception dans une villa sur la voie Appienne près de Rome. Tout le monde se jetait dans une piscine énorme, buvait du champagne et mangeait des toasts au caviar. Pas Sophia. Elle se tenait à l'écart dans un hamac confortable avec son livre de grammaire anglaise et répétait tous les mots à haute voix. C'était une élève excellente et concentrée. Elle ne perdait jamais un mot, s'il pouvait être utile. Dans tous les domaines, elle était douée, rapide et rusée. Nous avons été invitées à Venise par les Brandolin sur le Grand Canal. Sur le hors-bord, j'ai exposé de façon un peu désordonnée et confuse toutes les beautés des palais, convaincue qu'elle était distraite et qu'elle ne m'écoutait pas. Une fois arrivées chez les Brandolin, elle a expliqué clairement et avec précision tout ce que j'avais « mal » exprimé peu avant. Tous les hôtes vénitiens étaient impressionnés par cette érudition et par sa dialectique ».

UNE AMIE DE SOPHIA LOREN

L'erreur et l'implication sont les points principaux de la vie et de la carrière de Sophia Loren. On ne gagne pas un Oscar par hasard, on ne se construit pas une carrière exceptionnelle uniquement par chance. Sophia accentue plusieurs fois l'erreur et même la peur. Si elle n'avait pas eu peur de tourner *La Fille du fleuve* (dans ses confessions au biographe américain A.E Hotchner Seuil, l'actrice souligne qu'elle avait peur quand elle a dû affronter le rôle de la *fille du fleuve*, un personnage complexe et riche en nuances émotionnelles), elle n'aurait probablement pas connu l'ami le plus important de toute sa vie : Basilio Franchina qui, rappelons-le, accourut auprès d'elle après les premières journées de tournage du film pour l'aider à comprendre et à travailler non seulement le scénario du film en question, mais également à comprendre les structures psychologiques du personnage et de son essence. À partir de ce moment-là, Basilio ne s'éloignera plus de Sophia, en la supportant dans toutes les décisions importantes de sa vie, en lui donnant des conseils et en la guidant dans le monde de l'art et de la littérature. La culture n'est pourtant pas érudition et la magnifique jeune femme de Pozzuoli savait bien qu'elle devait faire toujours plus. La rencontre avec Vittorio De Sica a également été importante et déterminante dans ce sens. On a beaucoup parlé du trio du cinéma italien : De Sica-Loren-Ponti. On a parlé d'éventuels flirts entre la légendaire Sophia et Marcello Mastroianni, son partenaire dans des films exceptionnels mais Vittorio aussi lui vouait une admiration sans faille. La chose la plus importante était la capacité de communication totale qui existait entre les trois, une envie de compréhension qui a donné lieu à de véritables chefs-d'œuvre de l'art mondial. Vittorio parlait pendant des heures avec Sophia, il voulait comprendre sa vie, il voulait lui donner des impulsions qu'elle pourrait utiliser dans les scènes et c'est pourquoi il devait la connaître totalement et entrer dans son âme.

Au seuil des années soixante, Sophia Loren avait déjà eu des expériences professionnelles uniques. L'ancienne princesse de la mer, la protagoniste de *L'Orchidée noire* et des films américains super champions d'entrées avait été reçue à la cour de la Reine Elisabeth à Londres avec les superstars du monde entier. Pourtant, Sophia sentait en elle l'exigence de revenir à ses origines, de mettre en pratique son talent. Elle voulait faire pleurer, elle voulait un succès total, également fondé sur ses capacités artistiques, pas uniquement sur sa beauté. Les années soixante seront pleines d'événements importants pour elle : son mariage, la naissance de son premier fils, Carlo Jr., le mariage de sa sœur avec Romano Mussolini, mais une journée changera à jamais le cours de sa vie et de sa carrière, la victoire aux Oscars comme Meilleure Actrice pour le film *La Paysanne aux pieds nus*. Après ce jour spécial de 1962, la légende Loren devient une réalité mondiale de premier ordre. Au cinéma, contrairement au théâtre, les résultats se voient après longtemps. Tu tournes un film aujourd'hui et tu reçois un Oscar deux ans plus tard. Rien n'est immédiat, la conception de l'espace et du temps sont bouleversés par les délais de travail. Un jour, tu as quatre-vingts ans, un autre vingt-quatre, comme il n'existe pas de résultat immédiat, les acteurs et les réalisateurs vivent dans l'attente constante de leur travail. Les entrées et les prix éventuels sont les paramètres sur lesquels on juge un film plus ou moins réussi. Ensuite vient la critique, aujourd'hui remplacée par les signatures improvisées qui se cachent dans le monde virtuel. Sur Internet, tout le monde a une idée, tout le monde est expert de cinéma, de scénarios, de lumières, de talent d'acteur, tout le monde parle de tout et de tout le monde. Heureusement, dans les années soixante, il existait encore l'envie et la capacité d'attendre un résultat institutionnel.

C'étaient les années de la « bigamie » de Carlo et du « concubinage » de Sophia, ils se seraient mariés seulement quatre ans après l'Oscar. Sophia Loren savait qu'elle était en compétition parce que les nominations avaient été communiquées. Ses rivales étaient Julie Andrews et Natalie Wood, très douées et dangereuses. Sophia fut de nouveau victime de cette peur qui ne l'avait jamais abandonnée depuis l'époque de la guerre. Elle décida ainsi de ne pas aller à la cérémonie, elle ne voulait pas subir la comparaison, elle ne supportait pas l'idée d'être déçue. L'actrice communiqua les raisons de son absence à un journaliste : elle lui rappela le léger bouton de fièvre à la lèvre au moment de l'avant-première à Rome, elle ne voulait donc pas risquer que cela recommence. Elle décrivit ensuite le déroulement de la longue soirée chez elle et Carlo à l'Ara Coeli à Alberto Ceretto. Elle avait pris deux cachets de tranquillisants et avait demandé au producteur : « Tu crois qu'ils vont faire effet ? » et Ponti répondit : « Il faudrait du chloroforme ». Peu de temps avant, ses très fidèles domestiques Ilva et Nunziatina lui avaient souhaité une bonne nuit avec son inséparable assistante et amie Ines. Tout le monde vivait les mêmes émotions que Sophia, personne ne réussit à dormir. À trois heures du matin, un câblogramme arriva. Il venait de Red Silverstein qui, dans un long message arrivé à Paris puis renvoyé à Rome, informait Sophia qu'elle avait gagné le Golden Laurel de la Meilleure Actrice de 1961 à Santiago du Chili. Ines et Sophia pensaient que c'était une consolation et l'actrice décida ainsi de se retirer dans sa chambre pour lire un livre. Les tranquillisants ne faisaient aucun effet. Ines entrait de temps en temps mais jusqu'à 6h39, aucune nouvelle ! En même temps, Carlo et Sophia reçurent la merveilleuse nouvelle. Le premier grâce à son avocat américain, alors que la star reçut un appel de son ancien amant Cary Grant qui dit : « Sophia, tu as gagné ! ». Entre temps, son futur mari l'avait rejointe avec les yeux remplis de larmes. Et le conte de fée continue, nous apprenons des chroniques de Ceretto : « La joie l'a submergée. Elle saute dans le séjour en hurlant : « J'ai gagné ! » et commence à danser toute seule comme une toupie. Le téléphone sonne à nouveau. La voix du médecin de Sophia, le docteur Cardone, lui demande en plaisantant si elle a besoin de tranquillisants. À partir de là, les coups de fil, les visites, les embrassades, l'exultation, les fleuves de café et les coupes de champagne commencèrent à s'enchaîner. Le salon est rempli de lumières pour un tournage télévisé, les tableaux aux murs, les meubles anciens, les bouquets de lilas et de roses, les azalées qui remplissent la pièce prennent vie. Sur le mur, on voit un magnifique portrait de Sophia, avec l'une de ses expressions les plus intenses et dramatiques de *La Paysanne aux pieds nus*, un portrait réalisé en noir et blanc par Dina Bellotti, se distingue par toute sa violence ».

Cette journée particulière ressemble à un rêve, pourtant la vie offre des moments que l'on n'arrive malheureusement pas toujours à arrêter. Nous nous croyons éternels alors que tout file et tout continue selon des schémas parfois imperceptibles pour nous les humains, des schémas dont nous ne pouvons ou ne voulons pas voir le côté énigmatique, qui échappe à l'existence. Au contraire, au cinéma, le temps est pris en photo et arrêté grâce au tournage. Les scènes de *Cesira* seront projetées pour toujours. Peut-être. La joie de la jeune actrice après la nouvelle de sa victoire aux Oscars dure un instant. Les instants de joie entreront dans les souvenirs de Sophia, ils seront protégés comme un bien précieux, ils seront parfois source d'énergie et de positivité dans les moments difficiles que la star connaîtra à la fin des années soixante-dix, au début des années quatre-vingt et quand elle devra faire face aux deuils très douloureux de sa mère, de son père et de Carlo.

Parmi les commentaires à chaud de cette soirée spéciale passés à l'histoire, rappelons-nous de celui d'Anna Magnani qui devait interpréter Cesira dans le premier projet de *La Paysanne aux pieds nus*. L'actrice romaine se limita à commenter : « Sensationnel, sans aucun doute, avec ces deux ballons qui m'arrivaient au visage. Si j'avais fait le film, qu'est-ce que j'aurais dû faire, moi ? Me mettre à jouer au foot ? Ils ne pouvaient rien faire d'autre que me mettre sur un escabeau. Ou lui couper les jambes. C'est magnifique, non ? ». Ces affirmations en disent long sur la genèse du chef-d'œuvre de De Sica tiré du roman de Moravia. C'est Carlo Ponti qui nous l'a expliqué dans les notes reportées dans la première biographie officielle de l'actrice : « Dans mes projets, *La Paysanne aux pieds nus* devait être réalisé avec Paramount par George Cukor comme réalisateur. Ce dernier avait pensé à Anna Magnani comme personnage principal qui aurait dû interpréter le rôle de la mère. Sophia devait au contraire jouer le rôle de la fille. Cukor décide ainsi de venir à Rome pour parler avec Anna. Magnani avait lu le livre et s'était passionnée à l'histoire mais elle ne voulait absolument pas jouer la mère de Sophia : « Elle est trop grande, comment je pourrais être sa mère si je dois lever la tête pour lui parler ? ». Je connaissais Anna depuis des années, nous étions très bons amis, j'ai essayé de la convaincre par tous les moyens, mais elle ne voulait pas être la mère de Sophia Loren. Elle aurait pu interpréter le rôle de la mère mais pas de Sophia. Un jour, elle nous dit même : « Pourquoi ne faites-vous pas jouer la mère de Sophia ? ». Cukor refusa de faire le film, le projet risquait de sauter, c'est pour cette raison que je décidai de faire faire le film à Sophia avec la réalisation de Vittorio de Sica et le scénario de Zavattini. Je pense qu'Anna Magnani a commis une grosse erreur. Refuser *La Paysanne aux pieds nus* a changé le cours de son existence et de sa carrière. Je le dis avec le grand sens d'estime et d'amitié que j'éprouve envers cette grande artiste romaine ». L'histoire de la genèse de *La Paysanne aux pieds nus* racontée par Ponti et rendue célèbre par les récits presque mythologiques du refus de Magnani est restée dans les annales du cinéma parce qu'elle révèle une méthodologie qui échappe souvent à ceux qui ne sont pas des experts de cinéma. Comprendre la genèse d'un film, les mécanismes de production, les histoires, les jalousies, est un concept abstrait qui échappe souvent. Dans ce cas, la production américaine et le réalisateur qui lui était lié, contrairement à la production italienne, rendent bien l'idée des dynamiques cachées dans le choix d'une actrice. Cukor voulait Anna Magnani et personne d'autre. Ponti voulait que Sophia Loren soit la fille. Deux mondes qui s'opposent. C'est le producteur italien qui gagne. Anna était une femme instinctive et humorale. Il serait banal et réducteur de voir son refus comme une sorte de vengeance envers Sophia. Le monde d'Anna était complexe et tout ce qui a été écrit sur elle a été quelques fois monté pour faire sensation et créer la légende de l'anti-diva capricieuse, populaire à l'écran mais très snob dans la vie. En d'autres termes, le contraire de Sophia qui avait été élevée entre la culture napolitaine et la culture américaine, elle avait le sens du devoir typique des cinéastes américains et la légèreté et le savoir-faire de cette « napolitanité » dont parle La Capria. Sophia cuisine et étudie, très peu de dîners et peu de rendez-vous mondains. Elle n'est pas froide mais c'est une façon d'éviter cette spontanéité et ces peurs plus profondes que l'artiste Loren réussit à transporter uniquement à l'écran. Sur les plateaux de tournage, elle peut se sentir libre d'être elle-même. C'est le seul endroit où elle peut pleurer et rire et ainsi canaliser tout son monde et son existence. À l'écran, elle peut être ce qu'elle est vraiment. Sophia Loren devient la petite Lella dans les larmes du personnage très récompensé, elle se met à la place de sa mère Romilda pendant la guerre pour interpréter la scène du viol et c'est exactement ce qui réussit à impliquer les critiques et le public du monde entier. Cette journée spéciale et unique à Rome, cette attente du résultat le plus

Sur la page ci-contre, des images d'une Sophia Loren fulgurante dans les années cinquante : dans une version insolite de vamp blonde, sur le tournage du film *La Cité disparue* (au centre) et assise, sur son 31, parmi les invités du Festival de Venise 1955. Ci-dessus, elle prend la pose pour une photo promotionnelle de *C'est arrivé à Naples* (1960).

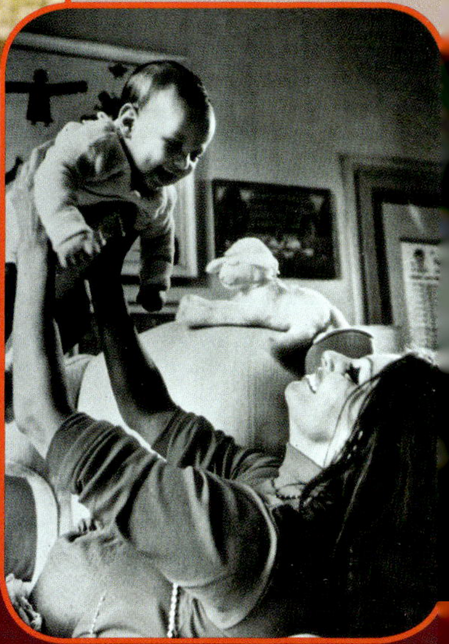

Sur la page ci-contre, de haut en bas, une photo de l'épisode « La Loterie » (*Boccace 70*, 1962), la naissance du premier fils tant attendu, une image tirée de *La Chute de l'empire romain* et devant le célèbre Grauman's Chinese Theatre de Los Angeles, où elle laisse l'empreinte de ses mains. Sur la photo ci-dessus, un plan de *Fantômes à l'italienne* (1967) et, ci contre, de *Mariage à l'italienne* (1964).

VOGUE
marvellous mad midsummer
sand swim sea sun
sheiks sophia
and how to
scintillate
almost
anywhere

LIFE
TIGER-EYED TEMPTRESS, SOPHIA LOREN
NOVEMBER 14, 196

PARIS MATCH
De nos envoyés spéciaux aux obsèques d'Haakon
L'ADIEU DES ROIS AU ROI DE NARVIK

Sur la page ci-contre, femme-couverture des magazines les plus importants du monde. Ci-dessus, dans la peau de l'orgueilleuse femme du peuple protagoniste – avec le prince interprété par Omar Sharif – dans le fabuleux *La Belle et le Cavalier* (1967). Le film ne remporta pas un succès unanime, mais Sophia y apparait dans une forme éblouissante. Un critique écrivit d'elle : « Sophia Loren resplendit dans les guenilles d'une troublante Cendrillon. »

La Loren de la maturité.
Deux Oscars, une Palme d'Or, un Golden Globe, un Lion et un Ours d'Or pour la carrière, six David di Donatello et deux Rubans d'argent, et d'autres prix et honneurs qui, en 2009, l'ont conduite dans le livre des records comme l'actrice italienne la plus récompensée au monde. C'est le bilan d'une carrière artistique inégalée tant au niveau du prestige que de la longévité et de l'internationalité.

important de sa vie deviennent pour la diva une façon de montrer au monde et surtout à elle-même le vrai visage de Sophia Loren. Voici ce que l'actrice raconte à propos de la scène la plus importante du film ; observons comment elle l'a vécue et comment elle a créé la structure émotionnelle de l'un des moments les plus intenses du cinéma de tous les temps : « La scène principale du film se déroule dans une église bombardée dans laquelle je me réfugie avec ma fille. La violence des soldats marocains atteint des niveaux sauvages. Ils nous abandonnent après nous avoir tuées sous différents points de vue, même si notre cœur continue à battre. Ma fille est le seul sens de ma vie, la seule source d'énergie, la seule chose qui me permettra d'avoir une réaction. Les sentiments à interpréter étaient pleins de nuances, la tragédie, la rage et l'envie de réagir étaient mélangés à la peur. Je savais qu'il s'agissait de la scène la plus difficile du film. La veille du tournage, j'ai passé tout le temps à me rappeler de « ma » peur. Celle de la fillette de Pozzuoli qui était chez elle avec la peur des Marocains. J'ai revécu la terreur de ces nuits quand ils frappaient à la porte de notre appartement. Nous ne comprenions pas leurs cris et nous restions en silence, terrorisés. J'étais encore une enfant, mais je me rappelle parfaitement de cette sensation. Le film m'obligeait à transformer cette peur de fillette en une tragédie de femme adulte et désespérée. J'ai plus pensé à ma mère qu'à moi pour tourner cette scène et j'ai essayé de réagir comme je pensais qu'elle aurait réagi devant une telle violence, comme si un soldat marocain avait forcé la porte et m'avait violée au cours de l'une de ces nuits à Pozzuoli. Pendant toute la scène, j'ai essayé de rester avec cette terrible émotion. De l'autre côté, j'avais Vittorio De Sica qui m'observait et contrôlait que je n'exagérais pas avec les émotions. Il était facile de tomber dans la tentation de surjouer, en donnant si peu d'épaisseur à la grandeur et aux mille nuances du personnage. Vittorio me contenait. Sans lui, j'aurais été incapable de canaliser de façon « magique », si je puis dire, tout ce monde de désespoir et le transformer en expression artistique. Dans ce cas, j'ai abandonné toutes mes défenses, grâce à ses capacités créatives et sa patience, je suis devenue une exploratrice de moi-même, en donnant le maximum de ce que je pouvais donner ».

À Rome, pendant cette période chanceuse du point de vue professionnel, l'actrice vivait une vie privée difficile. Le couple le plus envié du cinéma italien était en réalité formé par deux clandestins dans leur ville. Ils étaient toujours seuls. Ils étaient marginalisés parce qu'ils n'étaient pas mariés et ne pouvaient pas habiter ensemble et se montrer en public. Quelques fois, ils allaient chez la mère de Sophia, d'autres fois ils étaient invités chez des amis, mais ils ne pouvaient pas vivre librement leur amour. C'était le prix à payer pour une star de ce calibre. La vie offre et enlève. Aucune joie ne pourra égaler ce qui t'a été retiré, tout semble répondre à une loi précise qui échappe au contrôle des humains, et dans le cas des stars du show-business, il semble que ce mécanisme fasse encore plus sensation. En réalité, on n'accepte pas qu'une star, élevée au rang de demi-dieu ou héros positif, puisse éprouver des douleurs et subir la souffrance inévitable de la vie. Sophia Loren, contrairement à d'autres collègues, vit tout avec un sens presque « stoïque » de l'existence.

À ce propos, voyons comme elle affronte sa sœur,

qui aurait épousé Romano Mussolini peu de temps après. « J'ai supplié plusieurs fois ma sœur Maria de ne pas épouser Romano. Je n'avais rien contre son nom et je ne pensais pas du tout que les erreurs d'un père pouvaient retomber sur ses enfants. Je n'avais pas ce préjugé. Je connaissais bien ma sœur, c'est pour ça que j'aurais préféré pour elle un homme fort, qui soit un vrai soutien pour elle. Ils s'étaient connus à un festival de jazz, il jouait et Maria avait toujours été fan de musique. Cette passion a éclaté puis elle s'est révélée, comme je le pensais, peu favorable à un mariage durable. Maria ne m'écouta pas et épousa Romano. Cela a eu un effet positif parce que cela m'a permis de connaître Rachele Mussolini qui vivait dans un village du nord de l'Italie. Je l'ai connue et j'ai eu l'occasion de comprendre beaucoup sur cette femme qui vivait désormais dans le souvenir de son amour absolu et qui conduisait une vie modeste dans le village qui l'accueillait ». Ça c'était Sophia pendant ces années-là, elle essayait de faire des expériences et elle vivait toujours en observant le monde extérieur, elle n'avait pas de préjugés et, même si elle avait peur de se tromper, elle tentait l'action et ne s'arrêtait jamais, elle était presque une mère pour sa sœur. Elle était sage parce qu'elle s'acceptait et elle avait ces caractéristiques de « héros » qui voit au-delà du contingent. C'est pour cela que ses fans la choisissent comme « diva ». Une figure qui n'existe plus aujourd'hui. Les stars ont été remplacées par celles qui se sentent ou pire font semblant d'être des filles simples. Les actrices qui se sont affirmées pendant les années quatre-vingt-dix ou au cours de la dernière décennie ne s'impliquent pas pour protéger leur image et pour défendre leur monde. Elles ne veulent pas être un exemple ou un modèle à imiter, elles déclarent elles-mêmes ne pas en avoir eu. Pourtant, la figure de la « diva » naît au vingtième siècle dans ce but. Il n'existe pas que des stars détruites par l'alcool ou victimes du succès ; Sophia connaîtra des moments sombres, le succès ne sera pas toujours au rendez-vous, elle connaîtra la prison, mais tout ceci ne démontra jamais son image de modèle. Sophia construit son personnage jour après jour : maquillage, façon d'être et de parler. Elle étudie un savoir-faire et des looks qui sont quelques fois considérés comme petit-bourgeois, mais ce n'est pas la réalité parce que Sophia réussit à transformer ces looks en quelque chose de personnel, donc l'habit est porté par la personne qui ne se « travestit » pas en quelque chose de différent de ce qu'elle est. Cette authenticité contrôlée et filtrée est appliquée par Sophia à ses proches, elle participe à la vie de sa mère, de sa sœur et plus tard de ses enfants et petits-enfants, avec politesse mais aussi détermination, en acceptant toujours l'erreur qu'elle exalte comme élément additionnel parce que, sans erreur, elle n'aurait pas vécu toute la beauté de sa vie. À ce propos, Maria a déclaré : « Sophia m'a permis de me tromper avec Romano, mais elle m'a toujours prévenue, elle pensait qu'une personne trop concentrée sur elle-même et trop égoïste comme Romano ne m'aurait mené nulle part parce qu'il n'avait pas la capacité d'aimer, de se donner et de se confronter. En effet, j'ai épousé Romano pour deux raisons qui n'avaient rien à voir avec lui. La première était que j'étais follement amoureuse de sa mère, et la seconde est que je voulais absolument être mariée et avoir un nom. J'avais souffert de cela quand j'étais enfant et, à l'époque, Sophia vivait le même drame parce qu'elle ne pouvait pas être reconnue avec le nom de son mari. Voilà les deux raisons pour lesquelles je n'ai pas écouté ma sœur qui avait parfaitement raison sur Romano. Il était égoïste et quand nous nous sommes mariés, il avait déjà une autre femme, mais j'étais trop jeune et je ne voulais rien savoir, je ne voulais pas voir la réalité ». Il est quelques fois plus facile de nier la réalité que de l'affronter. Les conseils de ceux qui nous aiment sont pris pour des jugements négatifs et c'est ainsi que l'on commet de grosses erreurs. Le mariage entre Maria et Romano fut un véritable cirque. Cinq mille personnes sur la place de l'église de Predappio, des photographes partout, Sophia qui s'enfuit de la cérémonie trop bondée et presque énervée par tout ce bruit. Elle met un certain temps pour récupérer de tout ce bouleversement émotif.

Le mariage de Maria dure uniquement le temps nécessaire pour mettre au monde deux enfants. Les prévisions de Sophia furent exactes. Romano ne changea pas le style de vie qu'il conduisait avant son mariage et la fin de la relation fut inévitable. Il est incroyable de voir la diva en version « père protecteur », parce que Sophia était pour sa sœur et sa mère un point de référence, elle représentait la stabilité et la cohérence. Le concept de héros, qui se rapproche beaucoup de l'idée que la collectivité avait des stars, s'aligne également avec l'idée que la famille même de Sophia avait d'elle. Voici ce que déclarait la mère de l'actrice sur sa fille : « Dans mes rapports avec Sophia, elle est la mère et je suis la fille. Elle m'appelle tous les jours pour savoir comment je vais et ce que je fais. Quand je suis inquiète, elle me calme et quand je me sens seule, elle me rassure. C'est une fille extraordinaire ! Elle a cette douceur et cette compréhension qui me manquent. Je me suis toujours identifiée à elle, même au cours de cette journée spéciale et unique, quand elle a gagné son Oscar pour *La Paysanne aux pieds nus* : cette statuette, c'est comme si je l'avais gagnée. Quand je suis arrivée chez elle et qu'il y avait les troupes de télévision et les journalistes prêts pour l'interview, j'avais l'impression qu'ils étaient là pour moi. Je vivais pour elle, j'étais le reflet de ma fille et j'étais ravie de cela ». Grâce à ces affirmations, on comprend beaucoup mieux le rapport que la star avait avec le producteur, parce qu'elle avait toujours été « son propre père et celui de sa famille ». Voilà pourquoi Sophia avait besoin, à son tour, d'un père et d'un ami en plus d'un amant. L'artiste affirmera plusieurs fois au cours de sa vie l'importance de Carlo pour elle. Ponti était ce coin de ciel bleu, cette stabilité. Sophia avait aussi Ines, Basilio et les amitiés les plus proches qui l'ont toujours soutenue à chaque instant de sa vie. Ce monde affectif lui servira de bouclier tout au long de sa vie. Toute seule, elle aurait eu mille problèmes et difficultés.

Comme il existe des journées spéciales dans le sens positif, il en existe également dans le sens négatif. Le 5 août 1962 a été une journée horrible pour Sophia Loren. Les légendes de la sensualité et du succès mondial étaient Marilyn Monroe et elle. Il était inévitable qu'une belle femme comme Sophia s'identifie à la star mondiale outre-Atlantique « belle et fragile ». Marilyn avait eu comme Sophia une vie très difficile, cela ne sert à rien de faire des comparaisons ou de classements de douleurs et de souffrances, mais la jeune actrice américaine avait subi la folie de sa mère puis une grande solitude, la seule amie et compagne qui ne l'aurait jamais abandonnée. Le fait de ne pas avoir trouvé un homme qui lui apporte un peu de stabilité et qui la guide dans les labyrinthes de son esprit avait poussé la star la plus populaire du monde à adopter un style de vie à la limite, sous tous les points de vue. L'alcool, les tranquillisants et les schémas de dépendance qui seraient identifiés comme tels des années après, avaient porté la diva à vivre uniquement pour les autres et jamais pour elle-même. Sophia non. Elle avait compris dès le début que le monde d'Hollywood était une illusion et elle avait réussi avec habilité à ne pas se faire écraser par les mécanismes malades. Sophia Loren dominait ce monde, même si elle avait des difficultés, parce qu'elle avait à ses côtés un être humain en qui elle avait confiance et à qui elle avait délégué une partie de sa fragilité sans avoir peur d'être utilisée puis jetée. Le jour de la terrible nouvelle, Carlo appelle Sophia mais n'a pas le courage de lui dire directement ce qu'il s'est passé : « Mon mari n'a jamais voulu me donner les mauvaises nouvelles, mais j'ai tout de suite compris qu'il s'agissait de quelque chose de tragique, à cause de sa voix. Je connaissais Marilyn seulement grâce aux journaux, aux photos, à ses films, je connaissais son histoire avec Joe Di Maggio, l'athlète ; Arthur Miller, l'intellectuel. Je savais même qu'elle était restée seule pendant un très long moment et il est possible que la solitude ait pu la mener à faire ce geste. Le besoin d'amour et la tristesse d'une âme pure comme la sienne peuvent mener à la dépression et donc à des gestes extrêmes. Je l'imaginais seule dans son lit, sans masques, sans filtres et grâce à ce flash je me suis rendue compte qu'elle n'était pas celle qu'elle voulait sembler. Les photos sexy, les images de pin-up et tout ce qu'on lui avait construit ne l'avait pas aidée à découvrir sa vraie essence. J'ai vu des photos de Marilyn sur une plage californienne. Sans maquillage, sans travestissement, uniquement de simples photos. Elle était vraiment belle. Mais la solitude était présente sur son visage. Marilyn avait très probablement toujours été toute seule, depuis sa naissance jusqu'au dernier instant de sa vie. Je ne crois pas à toutes les raisons que les gens ont données à sa mort. Pour moi, elle est morte de solitude, au-delà de toutes les enquêtes qui ne m'intéressent pas. Tout le monde l'avait utilisée. Les hommes de sa vie et tous ces gens du « spectacle » prêts à faire naître chez elle des complexes et des insécurités pour pouvoir ensuite profiter d'elle. Marilyn n'avait pas besoin de tous ces artifices, mais elle l'ignorait malheureusement. Elle n'était pas consciente. Selon moi, la sensualité vient de l'intérieur. Les gens me disent souvent que je suis un exemple de sensualité, mais quand j'interprète ce rôle, j'essaie simplement d'être moi-même. Si les gens voient que tu fais semblant, ils s'en rendent compte. Par exemple, Jayne Mansfield a un beau corps, mais c'est simplement une caricature de Marilyn et de la sensualité en général. La diva américaine avait ce *quid* en plus et surtout cette âme que j'aurais voulu accueillir et aider. Voilà pourquoi, quand j'ai appris la nouvelle, ce jour-là à Rome, je me suis enfermée dans ma chambre sombre pour pleurer pour elle, alors que toutes les images de cette fille que j'avais tellement admirée défilaient dans ma tête ».

Entrer dans le monde d'un artiste est difficile ; ce n'est que grâce aux vrais souvenir et aux émotions les plus profondes qu'on réussit cette entreprise ; ce n'est qu'en mettant l'accent sur les réactions qu'on peut comprendre quelque chose au monde qui existe derrière les constructions d'étiquettes souvent créées de toute pièce.

En observant la réaction de Sophia à la mort de ses amis (même quand de nombreuses années plus tard mourra Michael Jackson, son « fils adoptif », son ami, Sophia sera désespérée et sincèrement émue et abattue) ou des personnes auxquelles la diva s'identifiait et qu'elle aimait, on réussit à aller au-delà de ce que l'on pense superficiellement d'elle, au-delà de l'icône, on découvre donc les cordes qui rendent « femme » la diva intouchable. C'est uniquement de cette façon que l'on aime la star, parce que le processus de déstructuration du divin arrive petit à petit à terme sans entrer dans la rhétorique de l'humilité et des discours réducteurs et artificiels.

Après la mort de Marilyn, Sophia Loren représentera une des deux ou trois icônes féminines du cinéma reconnue sur toute la planète. La star tourne un épisode de *Boccace 70* de nouveau avec De Sica après *Le Cid* et *Madame Sans-Gêne*. L'épisode en question s'appelle « La Loterie ». Les salles se remplissent grâce à Sophia Loren et c'est à ce moment-là que Ponti prépare *Boccace 71* avec Sophia dans les trois épisodes écrits : l'épisode italien aurait dû être réalisé par De Sica, l'épisode français par Jacques Tati et l'épisode anglais par Charlie Chaplin. *Boccace 71* ne verra jamais le jour mais un élément du projet restera : le film en trois parties avec Sophia Loren deviendra *Hier, aujourd'hui et demain* et la collaboration avec Chaplin se concrétisera avec *La Comtesse de Hong-Kong*. La rencontre avec Marcello Mastroianni destinée à rester dans l'histoire du cinéma est arrivée pendant le premier film. Le deuxième portera deux rencontres : l'une, merveilleuse, avec le maître Chaplin, l'autre avec la star désagréable et compliquée, Marlon Brando. *Hier, aujourd'hui et demain* connaîtra un énorme succès. *La Comtesse de Hong-Kong* sera un fiasco. Avant ce flop, il y eut d'autres échecs pour la magnifique actrice. Nous sommes en 1962 et le réalisateur Anatole Litvak reforme le couple de *Désir sous les ormes* pour une production franco-italienne : *Le Couteau dans la plaie*. Sophia se retrouva aux côtés d'Anthony Perkins dans un rôle dramatique aux teintes très fortes qui ne lui allait pas du tout. Le résultat fut un fiasco total. Le film prenait l'eau de tous les côtés et ne plut ni au public ni aux critiques : « C'est un film hallucinant et froid, sa morosité ne vient pas des faits (auxquels personne ne croit) mais de l'exécution sans âme, continuellement refroidie par des énonciations continues. Et que dire de Sophia sinon qu'elle fait son possible sous son carré en forme de poire pour apparaître dramatiquement convaincue » (Leo Pestelli, *La Stampa*). Après l'Oscar, les critiques, les hauts et les bas. La vie de star commence pour la femme Sophia. Alors qu'elle rêve de « son » mariage et surtout des enfants qui tarderont à arriver, entre mille difficultés, l'actrice doit supporter les méchancetés de la société italienne bigote qui la voit comme une « voleuse de maris » et, en même temps, de certains critiques qui veulent démonter la légende Loren. La légende suit quand même son cours toute seule. Les échecs et la négativité gratuite ne réussiront jamais à démoraliser Sophia. Cela sera le secret de son affirmation. Le détachement appris aux

États-Unis ainsi que sa « napolitanité » naturelle mèneront l'actrice à ne plus s'identifier à rien qui vienne du monde extérieur. La diva fait ce qu'elle veut faire et ce qu'elle a organisé avec Carlo et les personnes dignes de sa confiance. Parmi celles-ci, le grand Marcello Mastroianni. La rencontre avec le très bel acteur aura lieu sur le plateau d'*Hier, aujourd'hui et demain* mais c'est aussi sur le plateau de tournage de ce film que se déroulera un épisode qui la tourmentera pendant toutes les années soixante ou presque : la première fausse-couche.

Le profond désir

*« Dès que j'ai entendu la voix de Sophia à l'autre bout du fil, j'ai compris qu'il était arrivé quelque chose de grave. J'ai appelé le chauffeur et je me suis immédiatement fait emmener à la maternité de l'hôpital. Dans les couloirs, j'entendais les cris des nouveau-nés, on voyait les rubans roses et bleus sur toutes les portes. Je suis entrée dans la chambre de ma sœur et j'ai assisté à une scène que je n'aurais jamais voulu voir de ma vie : Sophia était sur son lit, le visage recouvert de larmes, ces pleurs contenaient des moments de douleur qu'elle connaissait bien mais la perte d'un enfant l'avait peut-être choquée plus qu'elle ne pouvait l'imaginer. J'ai essayé de sembler forte, j'ai fermé la porte de sa chambre pour ne pas lui faire entendre les cris de ces nouvelles vies, mais ces pleurs arrivaient inévitablement aux oreilles et surtout aux cœur de ma sœur comme des lames coupantes. Après cet épisode, Sophia semblait décidée à adopter un enfant. Elle était complètement découragée. Je lui ai dit d'être patiente et d'avoir foi. Je ne sais pas si elle a réussi à m'écouter. Rien ne pouvait la consoler. Mais j'étais sûre qu'au fond d'elle, le désir le plus profond était encore de devenir mère. Le lendemain, elle a repris le tournage d'*Hier, aujourd'hui et demain *avec Marcello Mastroianni ».*

Maria Scicolone

Au début des années soixante, Sophia avait obtenu tout ce dont une actrice peut rêver : un Oscar, des reconnaissances, elle avait réussi à entrer dans le monde du cinéma et de la culture. Elle avait été reçue à la Cour d'Angleterre par la Reine Elisabeth. Elle avait d'autres rêves. Pour elle, devenir mère signifiait compenser les vides affectifs, compléter son rêve d'amour. L'envie de construire une famille était liée à son passé, à son enfance. Sa grand-mère Luisa avait prévu son futur : la petite Lella, malgré la guerre et l'abandon de son père, avait toujours respiré une ambiance « chaleureuse » à la maison. Elle avait affronté à chaque fois les moments tristes en se mettant au premier plan, en occupant la première place mais avec délicatesse, en évitant d'apparaître arrogante et snob. À part sa santé de fer typiquement napolitaine, Sophia avait une recette personnelle contre la dépression et donc contre les moments douloureux comme celui de la première fausse couche. « Quand je vais mal ? Je m'occupe avec les tâches ménagères comme une femme d'intérieur. J'époussette, je repasse, je passe le balai-brosse et je nettoie les vitres. Je ne m'arrête pas une minute. Cela fait du bien au corps et à l'esprit, c'est un médicament qui marche à tous les coups ».

Au cours de la décennie qui la vit protagoniste absolue de la scène mondiale, Sophia combattait bien sûr sur plusieurs fronts : les divorces, les mariages, les enfants, la lutte pour en avoir et la curiosité morbide du public. Elle n'imaginait pas qu'emboîter la vie privée et la carrière pouvait être si difficile. Elle devait garder son rang de diva et, en même temps, vivre sa vie quotidienne. Les magazines de l'époque voulaient connaître les vraies intentions de la star, si elle voulait adopter un enfant ou non. Ils voulaient surtout comprendre si le désir de maternité était réel ou encore une fois une stratégie créée par les attachés de presse les plus à la mode : Lucherini et Spinola. Les deux agents de presse avaient été engagés par Ponti pour relancer Sophia Loren en Italie et lui retirer l'étiquette de « voleuse de maris ». Apparemment, ils créèrent la légende de « Sophia, mère ratée ». « Tout a commencé avec la distribution capillaire d'une série de photos d'elle, en pause au cours d'un tournage, qui faisait une ronde avec des enfants du quartier et elle tenait dans ses bras un nouveau-né. Une fois, elle s'est évanouie sur le tournage et nous avons fait comprendre aux journalistes qu'elle était enceinte. De cette façon, on faisait beaucoup de bruit au moment de la nouvelle sensationnelle et on en faisait autant au moment de démentir la rumeur. Nous avons fait courir cette légende pendant huit ans, jusqu'à ce que Sophia résolve les problèmes qui l'empêchaient réellement d'avoir un enfant. À ce moment-là, elle avait définitivement reconquis le cœur du public entier » déclare Lucherini. Sophia Loren vivait en équilibre instable entre sa réalité et ce qu'elle devait représenter mais, à la fin, il était difficile de ne pas croire en son sincère désir d'avoir un enfant. À la naissance d'Alessandra Mussolini, la fille de sa sœur Maria, l'actrice déclarera plusieurs fois en public : « Si j'ai la chance d'avoir un enfant, je veux qu'il soit aussi beau qu'Alessandra, identique, comme ça j'aurai l'impression de toujours l'avoir eu avec moi ».

En réalité, Sophia commence à vouloir un enfant surtout quand elle revient en Italie. À Hollywood, Carlo et l'actrice avaient déjà commencé à ne plus prendre de précautions mais en rentrant en Italie, la jeune femme pensait chaque jour à la possibilité d'avoir un enfant : « Une seule idée m'obsédait : j'avais trente ans et je n'avais encore mis au monde personne, je voulais un enfant. Trente ans était un cap pour une femme, à quarante ans, une femme a déjà joué toutes les cartes que la vie lui a données. À trente ans, on fait les premiers bilans et une forte crise commence, quelque chose qui te pousse à tout remettre en jeu. Je n'ai jamais connu une femme sensée qui n'ait pas ressenti cela à trente ans. Aucune femme n'est réellement réalisée à cet âge-là, quels que soient les objectifs atteints. Si tu es mariée, tu regrettes les moments où tu étais « seule », si tu n'as pas d'enfant, tu penses être stérile. Tu essaies de te remonter le moral, d'être joyeuse mais, en fait, il y a toujours quelque chose qui te dit que ce n'est pas la réalité. J'étais inquiète pour ma grossesse mais je n'ai rien dit à Carlo. Je tournais *Hier, aujourd'hui et demain*. Je devais partir pour Milan où nous aurions réalisé le troisième épisode. À Rome, mon gynécologue m'a prescrit le repos absolu pendant trois jours, j'aurais pu partir à Milan uniquement après. Le médecin m'a également interdit de voyager en voiture, pour éviter les éventuelles secousses pendant le trajet. C'est pourquoi je suis partie en train ». Le problème ne fut pas tellement le voyage en train de Rome à Milan mais la scène qu'elle devait tourner avec Marcello Mastroianni. Le soir même, à l'hôtel, l'actrice sentit des douleurs incroyables. Carlo évita d'appeler une ambulance de l'hôpital pour éviter la horde de journalistes, il fit donc venir le médecin dans la chambre, dans le plus grand anonymat. Le docteur comprit que la situation était grave, Vittorio

De Sica aussi passa la voir, très inquiet mais convaincu que tout allait se résoudre pour le mieux. Au cours de la nuit, la femme sentit de violentes douleurs et Carlo décida alors d'appeler une ambulance. Sophia fut tout de suite hospitalisée en urgence et elle prit alors conscience que son rêve de devenir mère était en train de s'évanouir. « J'étais enceinte de trois mois et demi et j'ai perdu l'enfant. Pour la première fois, j'ai commencé à penser que mon désir le plus profond ne se serait jamais réalisé ». Sophia attendait impatiemment la maternité et racontait les lettres qu'elle recevait des femmes : « J'ai reçu des milliers de lettres. Certaines venaient de femmes qui ne pouvaient pas avoir d'enfants. Heureusement, ce n'était pas mon cas. Je suis d'accord avec elles, l'adoption est une chose merveilleuse quand on ne peut pas avoir d'enfants… De nombreuses lettres me décrivaient les difficultés semblables aux miennes et m'offraient aussi des mots d'espoir. De grand espoir parce que nombre de ces histoires douloureuses se sont conclues avec la grande joie d'une maternité arrivé à terme… Je prie Dieu que mon histoire puisse se conclure de la même façon ». À cette époque, la presse jouait sur la douleur de la star. Ils écrivaient que l'actrice allait allumer un cierge pour la Vierge, avait fait vœux d'abandonner le cinéma ou encore consultait des voyants. On disait qu'elle ne voulait pas un enfant mais des jumeaux, des triplets et qu'elle le racontait à ses amis en fumant nerveusement mille cigarettes. Les magazines s'occupaient de Sophia, en mettant en évidence chaque aspect qui pouvait être lié à la maternité ratée de Sophia. Dans le film *Hier, aujourd'hui et demain*, il y avait un épisode écrit par Eduardo de Filippo dans lequel une femme du peuple est arrêtée pour contrebande de cigarettes et tout de suite libérée parce qu'elle est enceinte : selon la loi, elle règlera ses comptes avec la justice six mois après l'accouchement. Pour éviter la prison, la femme mettra au monde sept enfants en cinq ans. En interprétant ce personnage, Sophia utilisait les rembourrages en mousse de différentes tailles. Un jour, pendant une pause, Vittorio De Sica, en lui touchant le ventre, lui dit : « Ma chère, tu es vraiment née pour être mère. Tu as même les yeux, l'expression un peu fatiguée, patiente, en attente, typique de la femme qui attend un enfant, de celle qui sait ce que cela veut dire d'attendre un enfant ! ». En retenant ses larmes, l'actrice répondit à Vittorio : « J'aurai sept enfants dans le film, cinq garçons et deux filles. Si je pouvais en avoir un dans la vie… juste pour moi ».

Il y eut ensuite une grossesse extra-utérine, la même qui fit penser à Marilyn Monroe qu'elle serait mère quand elle était mariée avec Arthur Miller. À cette époque, Sophia Loren essayait différentes possibilités pour tomber enceinte et elle fit même appel à un gynécologue yougoslave. Quand Sophia tombait enceinte (il y a ceux qui disent que la star a subi trois fausses couches avant la naissance de son premier enfant), les gynécologues et les médecins généralistes lui disaient qu'elle était trop fatiguée et que si elle voulait mener sa grossesse à terme elle devait se reposer. La deuxième fausse couche se déroula à Rome. Sophia était heureuse de se reposer même si elle avait dû renoncer à ses engagements : elle devait en effet aller à Londres pour la première de *La Comtesse de Hong-Kong*. Carlo y alla à sa place et elle resta chez elle avec ses amis, ou mieux « ses frères et sœurs adoptifs », Basilio et Ines. Ce furent des journées très éprouvantes : « La douleur ne me quittait pas donc Basilio a immédiatement appelé un médecin, ils continuaient à me dire de me calmer, que j'étais trop nerveuse et que ces douleurs étaient normales. Je continuais à beaucoup souffrir malgré les propos rassurants des médecins. Basilio a alors décidé d'appeler une ambulance mais je ne voulais pas provoquer de scandale ; donc Ines, ma secrétaire-sœur de confiance, a appelé une voiture qui m'a emmenée à l'hôpital. J'avais les traits tirés et le visage jaune. Même ma mère m'attendait là-bas. Quand les médecins m'ont dit que ce n'était rien et que tout serait rentré dans l'ordre, elle s'est beaucoup énervée, elle me connaissait et elle savait que cette souffrance était réelle et que je n'étais pas du genre à me plaindre. Les médecins ne l'ont pas écoutée et ils m'ont donné un somnifère pour calmer mon stress. C'étaient des moments terribles, les douleurs ne passaient pas, ni avec les calmants, ni avec les somnifères. En me voyant dans cet état, Ines a appelé les médecins, ils m'ont emmenée dans la salle d'opération et je faisais une deuxième fausse-couche ». La douleur due à cette perte fut totale pour Sophia comme pour Carlo : « La première fois que nous avons perdu le bébé, j'étais choqué, mais la deuxième fois ce fut encore plus difficile. Je n'étais pas euphorique pendant la deuxième grossesse, j'essayais de ne pas alimenter l'illusion de Sophia… Quand l'inévitable est arrivé, nous avons beaucoup souffert. Voir la femme que j'aimais plus que tout au monde dans cet état me détruisait. Je ne l'avais jamais vue comme ça. C'était une douleur morale profonde. Après la première fausse-couche, je lui avais demandé de changer de gynécologue mais elle a voulu lui donner une deuxième chance. J'étais impuissant. La seule chose que je pouvais faire était d'être à ses côtés et de lui tenir la main, nous sommes restés immobiles… en silence ».

Après cet épisode, l'actrice décide de se consacrer corps et âme au travail, pour oublier, pour ne pas penser au fait qu'elle perdait les enfants après le troisième mois. Sophia s'approche même de Dieu en priant jour et nuit pour avoir la force de surmonter cette période très difficile : « Mes prières n'étaient pas les prières traditionnelles, je crois en une force naturelle, en un pouvoir plus grand que nous, auquel je m'adresse de ma façon. Mes mots sont adressés au Seigneur, ce sont des dialogues profonds, je ne demande pas de miracles… Je demande à Dieu de m'offrir seulement une grande paix intérieure et le courage et la force pour affronter la vie. Je parlais à ma grand-mère parce que j'étais sûre qu'après sa mort, son esprit était toujours avec moi et, quand j'avais besoin de protection et de réconfort, elle était toujours présente. C'est l'amour divin et inconditionnel. Je retrouvais cette dimension spirituelle dans le silence d'un sanctuaire et dans la solitude totale. Même quand j'étais occupée sur les plateaux de tournage, je trouvais toujours la possibilité de rester seule pendant deux heures pour me retrouver et pour avoir mon contact conscient avec Dieu ». Malgré ces bonnes intentions, après cette deuxième fausse-couche, Sophia changea de caractère, comme son amie Ines le racontera plus tard. Elle ne réussissait plus à contrôler ses émotions, elle était extrêmement triste et, si elle n'était pas à nouveau tombée enceinte et si elle n'était pas allée en Suisse, elle n'aurait probablement pas remonté la pente après cette dépression. À Genève, elle trouve finalement l'homme parfait, Hulbert De Watterville, directeur de la maternité de l'hôpital du canton de la ville, diplômé *honoris causa* dans différentes universités européennes, asiatiques et américaines, c'est une véritable lumière. Il était également descendant de l'une des rares familles nobles dans un pays sans noblesse. C'est ainsi que les journaux décrivaient l'homme du miracle, qui tint en observation l'actrice pendant des mois et des mois, elle se préparait à l'événement avec un dévouement et un courage admirables. En répondant aux questions des journalistes, De Watterville disait : « C'est une femme exceptionnelle. Elle vit dans trois pièce au dernier étage de l'hôtel et elle ne voit qu'Ines, sa secrétaire, son mari, quelques rares membres de sa famille et le médecin. Ses distractions sont la radio, la télévision et les journaux. Elle s'est imposée ces règles toute seule parce qu'elle a une volonté en acier. Elle passe ses journées en pensant à l'enfant qui va naître ».

Carlo Ponti junior, dit Cipì, naît le 29 décembre 1968. Sophia était heureuse. Monsieur Ponti retrouva bientôt son ton et sa vivacité. Ils se penchaient tous les deux incrédules sur le berceau et sur les cadeaux qui arrivaient du monde entier pour la naissance. Parmi les cadeaux les plus précieux, une estampe ancienne envoyée par l'académicien de France, l'écrivain André Malraux, qui reproduisait les jardins de Versailles illuminés par des feux d'artifice pour la naissance du Dauphin, le premier enfant de Louis XIV, le Roi Soleil. Sophia était au septième ciel, elle était vraiment heureuse comme jamais auparavant. Les journalistes dirent que seulement quand Sophia allaitait l'enfant, six fois par jour (à sept heures du matin, à onze heures, à trois heures de l'après-midi puis encore à sept heures du soir, à onze heures et à trois heures du matin), elle avait la certitude, grâce à ce contact physique direct, que cet enfant n'appartenait plus uniquement au monde des rêves. Jusqu'au dernier moment, elle avait douté et eu peur : « Un jour, le docteur De Watterville, pour me convaincre que le bébé était vraiment là, m'a fait écouter son cœur qui battait, grâce à un appareil spécial à ultrasons. Je ne croyais pas du tout qu'il pouvait s'agir de mon fils, ce son était pour moi une simple indigestion ». En Italie, ils n'avaient pas été capables de l'aider dans cette entreprise et l'actrice n'eut pas peur de déclarer : « Ils me bombardaient de progestérone et j'avais au contraire besoin d'œstrogènes. Une chose toute simple m'empêchait de mener mes grossesses à terme. Un mauvais médicament. Ils me demandent pourquoi j'ai donné un milliard de lires pour un hôpital à Genève et non en Italie. Mais ils se rendent compte que je n'arrivais pas à avoir un enfant en Italie ? ».

Cinq ans plus tard, après Cipì arriva Dodò, ou Eli ou Edy, comme on appelait le deuxième fils Edoardo, né le 6 janvier 1973. Le plan familial de la diva aussi avait été complété. Il y avait eu le mariage à Paris en 1966, parfaitement à temps pour faire naître le premier fils en respect des conventions. Ils avaient deux enfants qui auraient été élevés dans des maisons très confortables pour déménager ensuite aux États-Unis, pour y étudier, pour jouer à faire du cinéma comme partenaires de leur mère, pour organiser avec rigueur et confort leur futur sous un œil amoureux et vigilant.

Tout allait pour le mieux mais, on le sait, la vie réserve parfois de mauvaises surprises et c'est ainsi qu'un soir à New York, toutes ces joies furent anéanties par un événement désagréable : des voleurs avaient fait irruption dans l'hôtel où était resté le petit Cipì, les délinquants s'en allèrent avec les objets qu'ils avaient volés et il n'y eut aucun autre dommage important. Mais à partir de ce moment-là, la vie de Sophia Loren changea radicalement. Chaque maison devenait un petit fort. La villa de Marino, près de Rome, était gardée par des hommes armés. Tout changea pour la fille de Pozzuoli après le cambriolage de New York pour lequel même le FBI intervint. Sophia se sentait entourée de menaces obscures contre elle et son fils.

À cette époque-là, une véritable campagne médiatique contre Sophia Loren commença. Les journalistes n'avaient pas apprécié d'avoir reçu en retard la nouvelle du mariage français, ou bien ils avaient détesté les agents de presse et donc Sophia, parce qu'ils avaient créé exprès cette figure de la femme désespérée qui ne pouvait pas avoir d'enfants. Sous cette rancœur se cachait la tendance italienne à ne pas accepter le beau et à ne pas accepter le succès qui vient d'Italie. Pensons aux critiques faites au film de Paolo Sorrentino, *La grande bellezza*, qui a gagné l'Oscar. On ne pardonnait pas à Sophia le succès à l'étranger, sa beauté et son harmonie. Elle finit ainsi par être jugée « âpre, antipathique et arrogante ». Les journalistes qui l'avaient encensée jusqu'à quelques années plus tôt ne la supportaient plus. La star surmontera aussi cette période et nous offrira ensuite d'autres performances artistiques inoubliables, dans des films qui laisseront une marque indélébile dans l'histoire du cinéma.

Les règles du jeu

« Le soir de son film, Lollo a parcouru le trajet de l'hôtel au Palais des festivals en carrosse impérial, habillée comme Pauline Bonaparte. Des centaines et des centaines de personnes l'ont accueillie en délire : « Gina, Gina ! ». J'étais atterré. J'ai pensé que quand Sophia Loren serait arrivée, personne ne l'aurait calculée. Il fallait une idée. Ou mieux : deux... J'ai appelé Sophia le soir même : « Écoute, il ne faut pas faire la diva, elle l'a déjà faite, de la façon la plus éclatante. Faisons le contraire : elle porte cinq robes différentes par jour, toi une ; elle, de grands chapeaux, toi, rien. Il suffit que tu te comportes comme la « paysanne aux pieds nus » dans la vraie vie ».

ENRICO LUCHERINI, AGENT DE PRESSE

La guerre des médias, les stratégies marketing ne connaissent aucune limite. En 1961, à Cannes, où Gina Lollobrigida participait avec le film *Vénus impériale* et Sophia Loren avec *La Paysanne aux pieds nus*, Lucherini inventa une scène digne des émissions de télé-réalité les plus modernes. À quelques heures de la grande soirée, l'agent de presse s'attacha un morceau d'acier au coude, sous son smoking et se mélangea à la foule, en se mettant derrière les photographes. Derrière lui, on trouvait l'énorme baie vitrée du Palais, le règne de Cannes. Sophia arriva au bras de Ponti. La foule entoura l'actrice et, à ce moment-là, Lucherini frappa la vitre avec le morceau d'acier, la baie vitrée se cassa en mille morceaux. Le lendemain, tous les journaux écrivaient : « Événement unique, pour voir Sophia Loren, les gens cassent les vitres du Palais » ou encore : « Il y avait tellement de gens pour voir la diva du moment que les vitres du Palais ont été cassées ». Même avec mille robes et le carrosse, Lollo n'avait pas réussi à égaler le succès de Sophia. La compétition entre les deux stars commença à s'amplifier à partir de cet épisode, même si le conflit prenait racine durant la décennie précédente : rappelons en effet que Gina Lollobrigida aussi fut lancée par Carlo Ponti. Le duel entre les divas se jouait souvent à distance. Par exemple, au cours d'une interview à Londres, Gina répondait ainsi à la question pour savoir ce qu'elle pensait de Sophia Loren : « Je suis très occupée, je n'ai pas le temps de m'occuper de mes amies ». Sophia aussi répondait sèchement : « Lollo il faut la comprendre, elle appartient à une autre génération ! Elle a sept ans de plus que moi ! ».

De nombreuses prises de bec souvent créées de toute pièce par les deux actrices mais peu importe de savoir si elles sont réelles ou non, mieux vaut mettre l'accent sur le fait que les règles du jeu liées au monde du spectacle sont parfois plus importantes que la valeur artistique. Au milieu des années soixante, en Italie, le concept de stratégies de communication se développe sur le modèle des mécanismes hollywoodiens. Jusqu'aux années quatre-vingt, ce sera un réel phénomène de société lié surtout au monde du cinéma et de la télévision et il conservera même son charme et sa dignité. Au cours des dernières décennies, la stratégie de marketing a pris la place de la créativité et les techniques publicitaires ont donné naissance à de véritables monstres du show business.

Dans les années du boom économique, Sophia battra toutes ses rivales italiennes, du point de vue de la popularité, on la voit dominer Lucia Bosè, Eleonora Rossi Drago et la plus terrible Silvana Mangano. À un certain moment de sa carrière, cette dernière abandonne les vêtements de la protagoniste de *Riz amer* et devient élégante et sophistiquée. Aux yeux du public, Silvana Mangano semble pleine d'amertume et frustrée alors que Sophia Loren semble plus cohérente avec ce qu'elle a toujours été. Silvana Mangano avait fait un saut de qualité en travaillant avec Carlo Lizzani dans *Le Procès de Vérone* (1962) et elle avait été choisie par Pasolini pour jouer Jocaste dans *Œdipe roi* (1967). Sophia Loren avait au contraire du mal à trouver des rôles à la hauteur de l'Oscar jusqu'à ce que Charlie Chaplin l'appelle pour *La Comtesse de Hong-Kong*. Malgré des débuts positifs et la joie de pouvoir travailler encore une fois avec l'un de ses modèles, le film fut un véritable fiasco. La critique le critiqua beaucoup même si notre diva fut épargnée par les attaques. Le film restera dans les annales pour certains épisodes désagréables avec la star masculine qui se comportait comme un « maudit », Marlon Brando. Chaplin l'avait choisi par diplomatie. Sophia l'avait déjà rencontré à Rome au cours de la première de *Sur les quais* et Brando s'était déjà laissé aller à des commentaires trop audacieux envers Sophia. Ce qui semblait être un épisode devint au contraire une plaie pour l'actrice pendant la durée entière du film.

Le côté sans-gêne de Marlon Brando envers Sophia qui frôlait le harcèlement mit à dure épreuve la patience de l'actrice : « Brando jouait tout le temps, une fois, pour une scène dans laquelle nous devions entrer d'un coin de la salle de bal… je devais passer devant, lui derrière… et bien à un certain moment, il m'a mis une fessée. Je me suis arrêtée et j'ai dit « Ne le fais plus jamais ! Ne le fais plus jamais ! Plus jamais ! ». Chaplin arrêta le tournage et après ce jour-là, Brando fut un peu plus calme. Une relation difficile avec la star, le contraire de l'entente parfaite qu'elle avait avec Marcello Mastroianni : « Marcello et moi sommes un seul corps, dommage qu'il ne sache pas mettre de l'ordre dans sa vie… je ne suis jamais tombée dans les filets du beau Marcello. Nous sommes amis spontanément, joyeusement, comme deux éternels adolescents prêts à s'allier pour voler de la confiture ». Sophia avait une rare confiance en Marcello mais elle devenait en même temps de plus en plus méfiante du monde qui l'entourait, et l'épisode avec Brando avait amplifié cette tendance.

Sophia avait compris que « les règles du jeu » ne permettaient pas à une actrice d'avoir une amie de confiance, à part Ines et les amies choisies des années auparavant, elle avait compris qu'elle avait autour d'elle des gens sans scrupule, prêts à tout pour obtenir d'elle des avantages. En effet, le seul fait de se montrer en public avec la « divine Loren » pouvait être « utile ». L'une de ces mythomanes et manipulatrices fut une certaine Adelina que Sophia connut en Espagne. La femme lui fit un horoscope et lui lut les cartes ; à partir de ce moment-là, Sophia commença à la fréquenter. Une grave erreur. La femme voulait être la secrétaire de Sophia, mais c'était probablement une grande fan très amoureuse d'elle. Sophia ne s'en rendit pas compte jusqu'à ce qu'un matin Adelina rejoignit Sophia à la table des amis en exclamant : « Ce qu'on dort bien avec elle ! ». Sophia se rendit clairement compte quelles étaient les intentions de la femme et se libéra d'elle. C'est le prix du succès, les stratégies, les peurs, les gens qui s'approchent avec une idée derrière la tête, la compétition et les difficultés dans les rapports avec les collègues. L'enjeu est toujours très important alors la tension augmente toujours plus. Tout le monde veut gagner, arriver au sommet, mais nombreux sont ceux qui restent dans l'ombre en ne rapportant à la maison que le goût amer d'avoir appris les tristes « règles du jeu » d'un monde irréel. Sophia comprend tout ceci et, à partir des années soixante, elle vivra le succès avec détachement, en apprenant à se défendre, en acceptant les règles et en combattant de toutes ses forces les côtés obscurs de son métier. C'est ainsi qu'elle réussira à rester à la mode au fil des années.

La cuisine... mes souvenirs

« Neuf mois au lit, sans rien faire, elle ne répondait même pas au téléphone, elle ne m'a jamais dit : « Ines, je m'ennuie ! » ou « Ines, j'en ai marre d'être bloquée sur ce lit ! ». Aucune plainte. Elle lisait, prenait des notes, regardait la télévision et c'est tout. À part Carlo, Basilio venait la voir de temps en temps. Avec toute sa détermination, elle s'est enfermée dans son monde, elle a parcouru à nouveau sa vie, ses souvenirs, les couleurs et les parfums de son enfance, ils sont redevenus vivants comme neufs ».

INES BRESCIA, SECRÉTAIRE ET AMIE DE SOPHIA

Aujourd'hui, tout le monde écrit des livres de cuisine, sur toutes les télévisions du monde, on fait des émissions sur la nourriture et avec la nourriture, à toutes les heures du jour et de la nuit. Des télévisions, des chaînes et des blogs naissent, et la compétition entre les « petits présentateurs » et les anciennes actrices de série B qui s'improvisent super cuisiniers débute : cela semble être la dernière mode de ce que l'on appelait, jusqu'à la fin des années 2000, le « trash ». Aujourd'hui, nous ne pouvons même plus parler de poubelle, ce serait une offense pour le trash sain et trivial de ces années-là.

En 1971, à seulement trois ans de la naissance de Carlo Jr., Sophia décide de publier le produit de ces souvenirs culinaires, qu'elle réélabore avec son ami de toujours Basilio Franchina : le produit qui en ressort est *Cuisine à l'italienne*. Le livre, traduit en français et publié aux éditions Robert Laffont, n'a rien à voir avec la vulgarisation de l'art culinaire des dix dernières années. La même chose arrivera en 1999 quand la diva réélabore ses moments « importants » en cuisine en les enrichissants de recettes, d'anecdotes et confidences dans le livre *Recettes et souvenirs*, publié aux éditions Michel Lafon.

Ces livres ont eu une importance capitale aussi bien au niveau personnel que pour l'histoire de la femme italienne que Sophia incarne dans toutes ses facettes : femme, travailleuse, mère, femme au foyer. L'idée d'écrire des recettes remonte à une période douloureuse de la vie de Sophia Loren, c'est-à-dire quand elle tente désespérément et de toutes ses forces de réaliser son rêve d'avoir un enfant (après deux fausses couches) et elle revient petit à petit dans le cœur des

Italiens, après le scandale de son mariage avec Carlo Ponti. Enfermée à l'hôtel Intercontinental de Genève, pendant les longs mois de sa grossesse, elle luttera contre l'ennui en recueillant et en testant les délicatesses de son enfance napolitaine et celles qu'elle a connues en découvrant la cuisine internationale grâce à son métier d'actrice.

Nous devons toujours nous rappeler que Sophia renfermait en elle toute la puissance d'un sex-symbol hollywoodien sans rien perdre de son incroyable vitalité et de son traditionalisme napolitains. C'est en interprétant une version spontanée et effrontée de la féminité italienne dans le film *L'Or de Naples* que Sophia Loren devient célèbre grâce au rôle d'une explosive, sanguine et plantureuse pizzaïola napolitaine. Ses formes généreuses peuvent nous expliquer beaucoup à propos du rapport entre la femme et la nourriture de l'Italie contemporaine.

Avec la naissance de son fils (1968), son image correspondra encore mieux à la femme italienne comme mère venant d'une famille pauvre. De cette façon, les fans peuvent s'identifier complètement à elle. Dans ses livres de cuisine, vendus dans de nombreux pays, l'actrice est présente aux côtés des femmes au foyer du monde entier : avec la femme américaine comme la française ou l'anglaise et cette dimension internationale contribue à recréer la nouvelle image de « Sophia, heureuse maman », très éloignée de celle de « Sophia, la voleuse de maris ». En même temps, les livres de Sophia Loren semblent annoncer un autre changement : celui du paysage médiatique, dans lequel la figure de la « maman » aurait pris une grande importance dans le marketing des denrées alimentaires. À partir des années quatre-vingt, dans le domaine publicitaire, rien ne peut être mangé s'il n'a pas été sacralisé d'abord grâce au passage dans les mains d'une mère. C'est ainsi que ces mères mythologiques deviennent les garantes de la qualité et de l'authenticité du produit. Le « sain » est le fil conducteur de toutes les recettes que Sophia présente dans ses livres de cuisine et c'est exactement ce que la star vénère et cite sans aucun problème. Sophia Loren retire une nouvelle fois ses costumes de « diva », elle n'a pas peur des confrontations, elle ne craint pas les jugements, elle vient du peuple et aussi bien dans les années soixante-dix (avec son premier livre) qu'à la veille des années deux mille (avec le second hommage à ses recettes), l'actrice se met à nu en se dévoilant en tant que femme, comme « une parmi tant d'autres ».

Pour elle, la cuisine n'est pas uniquement synonyme de manger, l'artiste souligne plusieurs fois dans une célèbre émission américaine des années soixante-dix la valeur qu'ont pour elle les simples pâtes à la sauce tomate ou les pâtes aux haricots. Aujourd'hui encore, quand Sophia sent ce parfum, elle pleure, des larmes qui lui viennent du cœur parce qu'elle se rappelle de sa grand-mère Luisa, l'amour qu'il y avait dans la misère : « Oui, je le sais, les pâtes aux haricots, ce n'est pas très poétique, mais c'est comme ça » déclarera-t-elle dans une autre émission outre-Atlantique.

Au cours des mois de sa grossesse, Sophia écrit, prépare, continue son activité sans s'arrêter et, même si elle admet qu'il s'agissait d'une période difficile, elle n'aime pas parler de sacrifice : « Il existe des règles, des choses qu'il faut faire et que l'on fait, point ». Nombreux sont ceux qui ont défini cette abnégation de Sophia comme une qualité naturellement acquise par une mère et cela pourrait être son cas, au risque de paraître simpliste. Sophia a appris le sens de discipline de Romilda, mais elle a aussi cette spontanéité et cette envie de communiquer typique des napolitains. Sophia s'amuse à expliquer ses recettes, beaucoup ont bien évidemment du mal à imaginer la magnifique star sexy aux prises avec les fourneaux pendant qu'elle prépare des pâtes aux haricots. Pourtant, ses fans savent que Sophia Loren est profonde et complète, ils l'aiment comme elle est et c'est peut-être justement à cause de ce dualisme qu'elle est la femme italienne la plus acclamée au monde.

Les adieux

« Quand j'ai vu que ma mère était à l'hôpital avec mon père, j'ai été choquée, elle avait peur de la mort et elle n'allait jamais voir les personnes qui allaient entreprendre le « Voyage » éternel. Cela faisait des années qu'elle ne voyait pas mon père mais elle était encore sous le charme... Je me suis assise au bord de son lit en lui prenant une main alors que l'autre était tenue par celui qui était mon frère sur le papier. Giuseppe, le fils de mon père, avait un visage doux et tendre. Il avait une timidité qui me touchait en quelques sortes et qui faisait que je l'aimais, il m'aidait à surmonter toutes les rancœurs du passé. La respiration de mon père devenait entre temps de plus en plus difficile, jusqu'à ce que je sente cette main dans la mienne perdre sa chaleur, se raidir... mon père mourrait ».

SOPHIA LOREN

En 1973, après la naissance de son second fils, la star commence à vivre une période pas très facile, parfois vraiment difficile. Au cours des années soixante-dix, Sophia dira en effet adieu à certaines personnes fondamentales dans sa vie et cela l'obligera à faire les comptes avec elle-même : « J'ai besoin de solitude dans ces cas-là. Cela me purifie l'âme. J'ai besoin d'elle comme de manger et de boire. Toute seule, je lis, j'observe mes sentiments, je m'étudie quand je suis seule, je ne me sens pas du tout solitaire ». Mais c'est justement un sentiment de solitude et d'abandon qui l'accompagne quand Vittorio De Sica meurt en 1974.

« La dernière fois que j'ai vu Vittorio, c'était pendant le tournage de la dernière scène du film *Le Voyage* (...). Quand nous avons fini de tourner, Vittorio, Richard et moi nous sommes salués avec un au revoir. Vittorio m'a regardé pendant une seconde et m'a dit : « On se voit à Paris ! ». Je me suis dirigée vers la porte, mais quelque chose me disait d'adresser encore une fois un regard à Vittorio : je me suis retournée et je l'ai vu dans l'une de ses poses caractéristiques près de la caméra, une fille lui disait quelque chose à l'oreille et il lui répondait avec son rire classique, avec ce mouvement de la tête qui n'appartenait qu'à lui : c'est la dernière image que j'ai de lui... J'étais moi aussi à Paris quand Carlo m'a appelée pour me dire qu'à l'hôpital américain de Paris Vittorio était décédé. J'étais pétrifiée. J'avais du mal à respirer, mes sens étaient incapables de comprendre une nouvelle de ce genre. Je ne pouvais pas accepter que Vittorio soit mort. Je suis alors allée dans l'une des chambres de la maison où j'habitais à Paris, je me suis mise sur une chaise près de la fenêtre et j'ai fixé mon regard sur les toits de la ville... De loin, je voyais le Sacré-Cœur. Et puis, devant mes yeux, j'ai vu défiler toute ma vie avec Vittorio : de la première rencontre à Rome, au premier film ensemble, *L'Or de Naples*, mes yeux et mon esprit revoyaient les scènes de *La Paysanne aux pieds nus*, de *Mariage à l'italienne*. (...) À un certain moment, je me suis levée de la chaise, j'ai appelé l'hôpital américain, je voulais revoir Vittorio avant qu'ils le ramènent à Rome et, même si sa famille avait donné l'ordre de ne pas faire voir sa dépouille, j'ai utilisé pour la première fois mon nom, et après avoir dit que j'étais Sophia Loren, je suis allée voir le corps à l'hôpital américain. Ce soir-là, Ines m'a accompagnée mais j'ai préféré entrer seule dans la chambre de Vittorio ». Sophia se rappelle de ces moments, ce long adieu à son ami, dans la chambre de l'hôpital, comme un instant infini, ce sont ses funérailles personnelles même si la star se rendra à Rome pour la cérémonie funèbre officielle. Dans son cœur vivra toujours cette image de l'hôpital américain : un regard à travers l'âme de son grand maître, de la personne qui lui avait appris tous les secrets du métier mais qui avait surtout réussi à percevoir ses côtés cachés et à entrer dans son monde intérieur.

Avec l'adieu à Vittorio, une époque se termine pour l'actrice et une autre commence, pas facile du point de vue financier (l'Inspection des impôts épluchait les comptes de Ponti depuis quelque temps déjà) et personnel. Avec la blessure encore ouverte de la perte de son grand ami et unique maître Vittorio De Sica, Sophia se retrouvera à dire adieu à son père, celui qui lui avait donné son nom. Réservée et silencieuse, l'actrice n'abandonne pas le rôle de chef de famille qu'elle a toujours occupé depuis l'adolescence et, avec sa sœur Maria, elle est au premier rang à l'enterrement de Riccardo Scicolone. C'est comme si l'actrice avait prévu ces épisodes révolutionnaires et douloureux de sa vie en faisant des choix professionnels correspondant à ceux qui se serait ensuite produits. En effet, même avant ces grandes tragédies, Sophia se retrouvait à vivre différemment son rôle dans le monde du cinéma, on sentait que les années soixante étaient passées et elle joua ainsi dans un film merveilleux et différent par rapport aux précédents, le dernier grand chef-d'œuvre de son Vittorio De Sica, *Les Fleurs du soleil*, puis le film avec lequel elle dit adieu pour toujours à son ami, *Le Voyage*.

Comme elle n'a pas hésité à mettre sa carrière au second plan pour devenir mère, la star ne tarde pas à reprendre le travail et, quelques mois après la naissance de Carlo jr, Sophia Loren commence le tournage du film *Les Fleurs du soleil*, en amenant avec elle l'enfant sur le plateau et en lui offrant son baptême cinématographique avec une brève apparition dans le film. Ce n'est pas un hasard si la jeune mère a choisi Vittorio, le réalisateur qui a su faire émerger ses traits cachés, beaux et créatifs, l'ami qui l'a toujours aimée et « comprise » comme femme et comme « artiste ». C'est la naissance d'un nouveau bijou du cinéma. Un film qui observe la réalité, qui dessine les sentiments, une œuvre qui émeut. L'histoire est très commune, celle des soldats disparus et de leurs femmes qui s'obstinent à les chercher avec une photo à la main : des dommages collatéraux de la guerre. Cette histoire est capable de détruire le bonheur et de tirer les hommes hors de toutes leurs bassesses. Grâce aux flashbacks, le film reconstruit le mariage d'intérêt et d'amour entre Giovanna et Antonio (célébré pour empêcher son départ comme militaire en Afrique) et leurs adieux quand, une fois découvert, il doit partir pour le front russe, d'où il ne reviendra jamais. Giovanna part alors à sa recherche, dans l'espoir ne serait-ce que de trouver sa tombe ; mais c'est vivant qu'elle le retrouve, et avec une nouvelle famille : le vrai adieu est maintenant, même si une gare, lieu culte du réalisateur, marquera la réelle fin. C'est un adieu fort, dramatique, comme la fin de la créativité du grand Vittorio. L'optimisme un peu épuisé de Zavattini est compensé par l'excellent Tonino Guerra. De Sica filme ainsi les derniers moments d'un grand cinéma. Sophia Loren y met toute sa force et elle réalise une performance d'actrice intense et mûre. Le point culminant, celui d'un désespoir absolu qui s'exprime uniquement à travers la tristesse des gagnants, est atteint quand sa Giovanna se retrouve face à face avec la Russe, la femme qui lui a volé son mari, armée uniquement d'une douceur enragée et tenace ; ou quand elle se confronte avec l'invincible énergie de la nature qui fait exploser les couleurs et la vie dans les champs de tournesols, à partir des cadavres de soldats morts sur le champs de bataille pendant la retraite sur la neige. Antonio est Marcello Mastroianni, pour son dernier rôle avec De Sica, brillant et encore une fois aux prises avec un antihéros ou mieux un homme sans nuances et incapable d'éprouver de vrais sentiments : quand Giovanna, déjà amoureuse, lui propose de se marier pour lui éviter la guerre d'Afrique, il accepte après un refus initial, « mieux vaut les scorpions ». Un rôle qui ne porte absolument pas atteinte à sa réputation de grand acteur, avec un cachet juste inférieur à celui de Sophia Loren. Ce rôle ne change en rien l'entente du couple le plus célèbre du cinéma italien qui se retrouve tout de suite après sur un autre tournage, réalisé par Dino Risi dans *La Femme du prêtre*, une comédie plus polémique qu'ironique ayant pour but d'affronter un thème chaud et encore tabou dans les années soixante-dix : celui du célibat des prêtres catholiques.

Après l'expérience avec « l'improbable communiste » Adriano Celentano, dans le film *Une bonne planque*, qui raconte l'histoire d'une sœur charmante qui quitte son monde ecclésiastique pour un jeune homme à l'air rebelle interprété par le chanteur milanais, le couple Loren-Ponti semble avoir perdu de sa splendeur. Ponti cherche à nouveau le succès international et il va donc vers une méga production avec le film *L'Homme de la Manche*, une adaptation sur grand écran d'une célèbre comédie musicale sur Cervantès de Dale Wasserman. L'interprète masculin est Peter O'Toole, la photographie est de Peppino Rotunno, la réalisation est confiée à Arthur Hiller (champion d'entrées avec *Love story* et *Plaza suite*), la production est United Artists, format 35 millimètres gonflé à 70 en Vistavision de luxe. L'histoire du chevalier ne plait pas, un autre flop.

C'est à ce moment-là et pour la dernière fois qu'arrive le film des adieux, le testament de l'heureux trio De Sica-Ponti-Loren. Le dernier film avant la mort est *Le Voyage*. Après la création du projet, Vittorio doit attendre la seconde grossesse de Sophia qui reprend à travailler tout de suite après la naissance d'Edoardo. En effet, un an plus tard, la diva est de nouveau sur les écrans dans le rôle de la Sicilienne Adriana, veuve et malade, amoureuse depuis toujours et en secret de son beau-frère Cesare, joué avec intensité et élégance par Richard Burton. Vittorio De Sica quittera cette terre en novembre 1974 : le réalisateur a inutilement insisté auprès de Ponti pour qu'il produise enfin l'adaptation d'*Un cœur simple* de Gustave Flaubert, parce que c'est peut-être avec une femme pure et sans superstructure comme Félicité que le grand réalisateur aurait voulu dire adieu au monde du spectacle. Son rêve ne se réalise pas, c'est pourquoi Vittorio se replie sur Adriana, l'héroïne du film *Le Voyage*, qui possède les traits essentiels de la jeune femme imaginée par l'auteur de *Madame Bovary*. Sophia se transforme à nouveau, elle devient une brave femme, simple et généreuse et donne à Adriana cette âme qui reflète la beauté de l'essence du réalisateur ingénieux. Comme toujours, la réalisation est sobre, pudique, mesurée. Le même épilogue tragique que la nouvelle de Pirandello qui inspire le film et que le spectateur comprend tout de suite, même s'il n'a pas lu le livre, délaye le risque d'un excès d'émotions. C'est avec cette histoire d'amour et de mort que s'en va l'un des hommes les plus importants du cinéma italien.

Sophia connaît les premiers adieux en 1974 (Vittorio De Sica) et en 1978 (son père) de façon complètement différente par rapport aux décès de Marcello Mastroianni, de sa mère et de son époux qui arriveront dans les décennies suivantes. Il est difficile d'entrer dans le monde intime de Sophia mais nous savons grâce à son unique autobiographie (réalisée en 1978 aux États-Unis avec la collaboration d'A.E. Hotchner, Seuil) que l'actrice a toujours mis la spiritualité au premier plan dans les situations de deuil, sans jamais trop se laisser accabler par la douleur. Sophia retire les vêtements de Loren, se retire pour être en contact avec son Pouvoir Supérieur, elle s'abandonne à sa solitude et pleure. Ce sont des larmes cathartiques que la jeune femme voit comme des cadeaux qu'elle offre à ses amours disparus pour toujours. Sa nature la porte à revivre comme dans un film tous les moments vécus ensemble, la pousse à se poser des questions et à en tirer les conclusions. Mais Sophia ne cherche pas de réponses inutiles, elle laisse que son esprit et son cœur soient accueillis par Dieu, même dans la douleur.

Voilà pourquoi, quand elle parle de solitude dans son autobiographie, elle le fait pour souligner à quel point la source « réelle » de tout son monde, de sa souffrance et de sa joie sont ces parties « spéciales » et profondes qu'elle a partagées uniquement avec ces personnes qui habiteront toujours dans « sa petite maison du cœur » même si elles ne sont plus là. C'est pour cette raison que les adieux n'existeront jamais, mais seront annulés parce que cette source intérieure, cette « maison » mystérieuse a de nombreuses portes, que la femme Sophia ouvrira chaque fois qu'elle voudra relâcher la pression de son intériorité et qu'elle voudra revivre les moments les plus beaux avec les personnes qui ont compté pour elle, avec ceux que nous pouvons définir les composantes indélébiles de son âme.

Un adieu différent, de nature professionnelle, sera celui que Carlo fera pour toujours à son bureau romain de l'Ara Coeli. Tout de suite après, Ponti deviendra « un Italien de l'étranger », entre Los Angeles et New York.

Après l'adieu à De Sica, Sophia a besoin d'un autre

réalisateur qui, comme le « maître », ne se contente pas de l'avoir sur le plateau et dans ses films, mais qui sache toucher sa personnalité avec légèreté ; un réalisateur qui ait la structure émotionnelle et la culture de Vittorio De Sica. Cette occasion arrive quand Ettore Scola propose à Sophia Loren et à Marcello Mastroianni un projet qui plait immédiatement aux deux : *Une journée particulière*. Il faudra attendre six mois pour le tourner parce que Ponti a des difficultés à trouver les fonds nécessaires pour le produire. Il trouve finalement des sponsors canadiens et le tournage peut commencer. Après l'énorme succès du film, les producteurs qui ne voulaient pas le financer s'en mordent les doigts. Le film est accueilli de façon positive par le public et la critique et il reçoit même de nombreux prix : un David di Donatello (pour Scola et pour Sophia), un César et un Golden Globe comme meilleur film étranger, un Ruban d'argent (de nouveau pour la meilleure actrice). À Cannes, le jury international présidé par Roberto Rossellini recale le film et le Président est contesté par l'ensemble de la presse internationale. Paris est en délire pour *Une journée particulière*. Les Français aiment Sophia plus que les Italiens à cette époque. Sophia Loren émeut aux larmes, son énergie est riche de son passé, d'une femme qui a surmonté ses peurs à quarante-trois ans mais qui, au fond, les accepte quand elle travaille sur un personnage parfait et impeccable. L'histoire unit deux petites histoires personnelles à l'intérieur d'une page d'histoire : le 6 mai 1938, le fascisme est à son apogée, Rome accueille le Führer, une foule énorme est déjà réunie autour des Forum Impériaux, la radio déclare avec enthousiasme qu'il s'agit d'un événement exceptionnel. Dans un immeuble inquiétant et décadent de viale XXI aprile (le plus grand immeuble populaire construit au cours de ces années, la première scène est justement un plan séquence qui le montre en détail), deux locataires, pratiquement les seuls qui ont échappé à l'absurdité de l'événement, se rencontrent par hasard. Lui, c'est un présentateur de radio qui vient d'être licencié : ils l'ont défini « défaitiste, inutile et avec des tendances dépravées », en faisant bien attention à ne pas nommer son homosexualité. C'est parce qu'il est gay qu'ils l'ont licencié. Dans la première scène, Scola nous le montre à son bureau, un stylo dans la main et un pistolet près de lui. Sophia Loren est une femme au foyer modèle, une mère féconde et une épouse dévouée, restée à la maison parce que son rôle de femme à l'époque le lui imposait : le seul loisir de cette femme était de collectionner les phrases et les photos de Mussolini dans un album. Ce qui les unit est la douleur, la souffrance et beaucoup d'amour à partager, dans une situation terrifiante et bloquée dans laquelle rien ne semble avoir la possibilité de se racheter. Gabriele combat son vide en s'agrippant à ses convictions alors qu'Antonietta se rend compte de sa solitude uniquement pendant cette « journée particulière » quand elle prend le temps de regarder à l'intérieur d'elle-même et elle voit sa vie, comme si elle était détachée. Le film touche des pointes de grande vérité, le jeu de contrastes est fondamental pour comprendre encore plus profondément la féminité de Sophia. L'artiste semble en effet laisser place à la femme. À certains moments, on dirait que Sophia Loren dit adieu à la diva et, pour la première fois, nous la voyons « nue », débarrassée de toutes ses superstructures. Le regard de Sophia qui voit danser Marcello, sa souffrance, gardée cachée aussi bien par le personnage du film que par l'actrice, ressort finalement. Antonietta voit la marginalisation de Gabriele et s'identifie à cette douleur. Pour le fascisme, un homosexuel doit être marginalisé, compliqué et différent et Mastroianni l'interprète parfaitement. Les deux sont complètement hors des schémas d'acteurs dans lesquels le star-system les a confinés : le *latin lover* est un fascinant gay alors que la star se présente avec des cheveux gris, des cernes, des vêtements de femme du peuple, la démarche souffrante et la posture de « vaincue ». C'est comme si Sophia Loren avait dit adieu au cliché, comme si elle était revenue aux larmes de Cesira (le personnage de *La Paysanne aux pieds nus*) mais avec quelque chose en plus. Sophia était une femme maintenant. Les premiers adieux de sa vie l'avaient marquée, l'avaient touchée à l'intérieur. Les enfants qui ne sont jamais nés, la mort de Vittorio De Sica et toutes les histoires du passé lui avaient permis de creuser au fond de l'âme de la femme au foyer pour en retirer toute l'insatisfaction inconsciente. Antonietta devient ainsi un tableau décadent, une Lola Montès (la célèbre femme vaincue du dernier film de Max Ophüs) des années trente. Voilà que tout à coup la douleur du personnage principal du film devient la douleur de toutes les femmes et des hommes qui vivent en cage. Ce n'est pas uniquement la prison du fascisme, mais une cage psychologique et celle qui nous est imposée par la société et par une vie sans aucune possibilité de s'exprimer. Une prison des émotions et de l'existence qui est universelle, au-delà du temps et de l'espace. Sophia transforme le particulier en universel parce qu'au fond, c'est l'objectif de l'art et du cinéma. Fassbinder dira : « Je vais au cinéma pour mieux me comprendre et, si en sortant de là, l'œuvre a provoqué chez moi un quelconque changement en moi, cela veut dire que le film est réussi, l'art a fait son devoir ».

Dans *Une journée particulière*, Sophia n'a pas uniquement changé le cœur des spectateurs, mais elle a réussi à modifier ses propres cordes intérieures, en découvrant toujours plus ces parties cachées qu'elle ne pouvait comprendre qu'avec un travail émotionnel et profond de ce calibre. Les larmes deviennent alors universelles, la souffrance n'a pas peur de se manifester et tous les adieux se canalisent dans la douleur d'Antonietta qui devient, comme nous l'avons dit, cathartique non seulement pour l'actrice mais aussi et surtout pour la femme Sophia.

Que se passe-t-il ?

« Et maintenant que se passe-t-il ?... Sophia exportatrice, Sophia voleuse ne pourrait plus interpréter Filumena Marturano, ni la femme du peuple d'Ettore Scola, ni la ciociara d'Alberto Moravia. Le rôle tragique et malheureux avec lequel Sophia nous représentait tous ne peut plus être le sien. Son exemplarité ne représente désormais plus le peuple : Sophia n'est pas une belle femme du peuple « otage » de la bourgeoisie. Elle ne pourra plus compter sur l'identification publique et populaire, aucun réalisateur ne pourra lui proposer un rôle de représentante du peuple. Nous sommes ainsi arrivés à la conclusion que cette plainte pour trafic d'argent et de tableaux aura des conséquences esthétiques. La plus belle, la plus précieuse œuvre d'art que Sophia a volée et exportée, en l'endommageant pour toujours : c'est elle-même. Une machine parfaite pour faire rêver s'est cassée ».

FERDINANDO CAMON, ÉCRIVAIN

Entre 1977 et 1982, notre diva pleure des larmes de douleur, entrecoupées uniquement par la joie pour le succès du merveilleux film d'Ettore Scola dont nous avons parlé dans le chapitre précédent. Malgré cela, la prophétie de Camon ne se réalisera pas. Les prisons, les humiliations, les problèmes financiers et la fraude fiscale dont elle fut injustement accusée en 1982 ne feront pas plier Sophia, sûre de sa bonne foi, démontrée ensuite par la sentence de la Cour de Cassation uniquement en octobre 2013.

La période négative commence pour Sophia en mars 1977 quand, à Londres, où elle était pour tourner *La Miliardaria*, on lui vola une valisette pleine de bijoux, d'une valeur de deux milliards de lires (un million d'Euros). Carlo lui avait offert un bijou par film, chacun de ces bijoux était une preuve d'amour et représentait un moment important de sa carrière. Trente ans plus tard, le voleur de ces bijoux, Ray Jones, dit The Cat, racontera l'histoire dans un livre dans lequel il parlera en détail de l'objet de son vol : une parure de diamants anciens, une autre d'émeraudes, un collier de rubis anciens, deux broches de diamants, une grosse bague en diamants, une broche en trois morceaux de diamants et d'autres objets de valeur. Cet épisode n'était qu'un aperçu de ce qui allait se passer par la suite. À 19 h 30 le 8 mars de la même année, Sophia est arrêtée par la police à l'aéroport de Fiumicino à Rome, peu après avoir passé les contrôles des passeports. Elle devait prendre un DC-9 d'Air France quarante minutes plus tard. Elle voyageait sous un faux nom, Mercedes Prentice. Que se passait-il ? Sophia n'avait pas donné beaucoup de poids à la chose ou peut-être que ses avocats ne lui avaient pas bien expliqué, mais un mois plus tôt, un fait important était survenu. La brigade des finances, sur mandat du juge Paolino Dell'Anno, avait effectué des perquisitions dans la villa de Carlo et de Sophia à Marino, une petite ville en province de Rome où le couple avait vécu de 1960 à 1977 – une demeure du dix-huitième siècle, ancienne résidence des marquis Gabrielli, dotée de cinquante pièces, de chambres d'amis, de pinacothèque, de cinéma, de chapelle privée, de manège et de piscine entourée d'un parc de vingt hectares –, pour vérifier si, grâce au système de coproductions, Ponti avait exporté des devises à l'étranger. Le couple était sous observation judiciaire. La diva fut retenue à l'aéroport de Fiumicino pendant toute la nuit jusqu'à l'intervention de ses avocats qui lui permit de prendre un avion de ligne pour Paris. Dans la ville lumière, de très nombreux journalistes l'attendaient, mais Sophia déclara simplement qu'elle avait raté son avion. La presse française décrivit au contraire les faits comme ils s'étaient passés à Fiumicino et déclara que Ponti – qui avait pris la nationalité française pour divorcer et se remarier –, inquiet de l'intransigeance du fisc à Paris, avait convaincu Sophia à reprendre la nationalité italienne. En outre, selon les mauvaises langues, il essayait d'échapper au fisc. On parla alors de va-et-vient de tableaux précieux et Richard Harris et Ava Gardner, qui avaient été à l'affiche du film *Le Pont de Cassandra*, furent aussi mêlés à l'affaire. Toutefois, on en apprit plus sur cette « sale affaire internationale » – ou on pensa en savoir plus – un an plus tard.

En avril 1978, le juge Dell'Anno signa un mandat d'arrêt pour Ponti dû aux irrégularités constatées pour *Le Pont de Cassandra*, un film en coproduction créé de façon à construire, selon la magistrature italienne, une fraude contre l'État. Un complot compliqué et qui nécessiterait un approfondissement judiciaire précis et attentif ; de fait, Sophia entra en contact pour la première fois à Fiumicino avec une Italie qu'elle ne connaissait pas : les scandales financiers et politiques lui dressaient un tableau de son pays, duquel elle s'était éloignée, complètement inédit. C'était l'Italie menacée par le coup d'État de 1964, avec les déviations des services secrets du SIFAR (Service italien d'Information des Forces Armées) et d'une seconde tentative de coup d'État par Valerio Junio Borghese, l'ancien commandant de la X Mas de la République de Salò. C'était l'Italie d'une nouvelle Naples, la Naples de la camorra dans laquelle on voyait émerger des « nouveaux héros » des faits-divers comme Pascalone 'e Nola et sa compagne Pupetta Maresca. C'était l'époque de l'attentat du 12 décembre 1969 à la Banque de l'Agriculture de piazza Fontana à Milan. Sophia avait été choquée par le suicide de Pino Pinelli (un anarchiste italien) et aurait voulu interpréter sa femme dans le film qui lui avait été proposé, mais elle refusa, pensant que l'histoire, par ailleurs fascinante, aurait pu ajouter des polémiques à sa vie et surtout à son image d'actrice.

L'artiste voyait un monde différent dans son pays, elle qui avait vécu à Hollywood était une observatrice attentive d'une réalité qu'elle voyait toujours moins internationale et toujours plus contre elle. Après l'arrestation à Fiumicino, elle qui s'attendait à un accueil digne d'une reine fut obligée de lire des choses horribles sur son compte dans les journaux, des choses qu'elle n'aurait jamais imaginées. Antonio Ghirelli, célèbre journaliste italien, fut très dur : « Ils nous l'ont recouverte de bijoux et de visons, ils nous l'ont embaumée avec de la laque, ils nous l'ont enroulée dans de la cellophane, ils nous l'ont enterrée entre les chèques et les orchidées dans l'appartement de trois étages de l'Avenue George V, où la femme de chambre répond inévitablement aux journalistes : « Madame n'est pas rentrée »… ». Comme l'affirme Italo Moscati (écrivain et réalisateur) : « Les larmes formaient une boule dans la gorge de Sophia. La nuit horrible à l'aéroport était uniquement le premier signal. Après quelques semaines, pendant que se préparait la tempête sur les coproductions, une accusation précise était officiellement prononcée contre Sophia Loren : celle de trafic d'œuvres d'art. La diva était soupçonnée d'acheter des croûtes à l'étranger en se les faisant facturer comme des tableaux de grande valeur pour avoir l'autorisation de faire sortir des capitaux considérables qu'elle transférait ensuite sur des comptes courants parisiens, en plus d'avoir exporté des œuvres de grande valeur en les déclarant pour un dixième de leur valeur réelle aux Beaux-Arts ».

L'opinion publique fut choquée de cette terrible nouvelle et toutes les tentatives de la star pour démontrer son innocence furent vaines. Patrizia Carrano (écrivain et journaliste) affirme : « On s'est rappelé à ce moment-là de la promesse faite après l'accouchement à Genève et jamais tenue de donner une clinique à la ville ; du procès contre père Virginio Rotondi auquel Sophia avait offert une villa pour le centre pour les jeunes avant de la lui reprendre ; de l'accusation de s'être accaparée du matériel archéologique formulée par le substitut du procureur de Velletri ». Un véritable acharnement contre Sophia.

Rappelons maintenant un événement vraiment déconcertant en 1978. L'actrice fut de nouveau contactée pour l'énième communication judiciaire. Cette fois-ci, l'accusation est d'obscénité pour le film *Angela* de 1977, du réalisateur Boris Sagal. Le titre complet était *Angela – Son seul pêché était l'amour… son seul amour était son fils*. Un mélodrame qui cherche à égaler *Œdipe Roi*, mais, mise à part la laideur du film, les accusations d'obscénité étaient infondées. Sophia interprète la femme d'un survivant de la Guerre de Corée qui croit avoir été trompé et fait enlever l'enfant qui est bien le sien. La femme abandonne le soldat et ouvre un restaurant. Vingt ans plus tard, un jeune homme qui fournit la viande au restaurant tombe amoureux d'elle. À un certain moment du film, le vétéran de guerre revient, tue Angela et se fait à son tour tuer par l'enfant enlevé, désormais adulte. Un flop, certes, mais qui ne méritait pas de perdre du temps au tribunal. En 1978, un autre événement « désagréable », le prologue des faits de 1982 : Sophia décida de participer au film de Lina Wertmuller, *D'amour et de sang*, qui se déroule dans les années vingt. Sophia est Titina, une Napolitaine qui habite en Sicile ; elle est partagée entre deux hommes et ne sait pas lequel est le père de l'enfant qu'elle porte. Un mafieux arrive au milieu de cette histoire et fait tuer par les fascistes les deux hommes auxquels Titina ne révèle pas qui est le père, même au moment de leur mort. Le film est ennuyeux et très loin de l'élégance d'*Une journée particulière*.

Le « drame » se déroula à Rome dans les studios de De Paolis. Les figurants, en grève pour demander une augmentation de leur salaire, entourèrent la voiture de

Sophia en hurlant, très énervés : « Dégage, dégage, dégage Sophia ! ». Ils criaient qu'ils gagnaient vingt mille lires pour dix, douze heures de travail par jour alors que l'actrice touchait six cent cinquante millions et pensait même ne pas payer ses impôts. La diva était vraiment inquiète à cause de ce climat italien, c'est pourquoi elle décida de revenir aux grandes productions internationales : *La Cible étoilée* (1978), *L'Arme au poing* (1979). Le premier film est l'énième anecdote sur la Seconde Guerre Mondiale et sur les trésors des nazis-fascistes, dans lequel Sophia doit jouer le rôle d'une incroyable enquêtrice amateur d'origine polonaise. Le second long-métrage se déroule aux Caraïbes et Sophia est la veuve d'un scientifique tué parce qu'il avait découvert les effets nocifs d'un médicament.

Cette situation négative du point de vue artistique était accompagnée des problèmes continuels avec la justice : une condamnation à trente jours de prison pour évasion fiscale arriva. L'actrice se défendit en disant que c'était la faute de son comptable. En effet, en 1963, son comptable lui dit qu'elle ne devait pas présenter de déclaration d'impôts en Italie parce que Sophia était résidente à l'étranger, citoyenne française et elle avait gagné de l'argent uniquement à l'étranger où elle avait déjà payé ses impôts. Dix ans plus tard, le fisc italien demanda à réexaminer les cas de tous les fraudeurs qui voulaient se mettre en règle. Le fiscaliste de Sophia commit une autre erreur, au lieu de lui faire signer la demande de remise, qui lui aurait permis de se sauver grâce à l'amnistie accordée cette année-là, il lui fit signer un autre papier qui admettait implicitement le délit de non-déclaration d'impôts. Ceci fut le réel problème. Après une première condamnation à quatre mois de prison, une seconde arriva et, en 1980, le jugement définitif arriva de la Cour de Cassation avec les quatre mois réduits à un mois plus une amende de douze millions de lires. À la question originale vint s'ajouter celle de 1974 restée en suspens, en plus de la non-déclaration de neuf cent vingt millions de revenus. La diva devait donc purger sa peine. Pour éviter la prison, elle ne revint pas en Italie pendant deux ans. L'éloignement de son pays, la nostalgie de sa mère et de ses amis les plus chers – mais selon certains aussi un calcul précis pour relancer la légende Loren – la poussèrent à prendre une décision sans demi-mesure : la prison. Le 21 mai 1982, avec un vol venant de Genève, l'actrice arriva à Rome. Elle fut ensuite conduite à la prison de Caserte. La phrase de Sophia, tout juste descendue de l'avion, fut : « Je suis venue parce que j'aime l'Italie ». La star était entourée par la foule aussi bien à Rome qu'à Caserte, tout le monde voulait toucher la diva qui était encore aimée malgré tout : pour certains, Sophia Loren était simplement victime d'une féroce attaque médiatique. La période d'emprisonnement dura dix-sept jours. Dans la petite prison de Caserte, il y avait vingt-cinq détenues dans un petit bâtiment au cœur du centre-ville historique. La cellule était individuelle, les repas, achetés en dehors de la prison, étaient consommés en totale solitude, sa sœur Maria allait la voir tous les jours parce qu'elle avait déménagé dans un hôtel de la ville. L'apparition de Marcello Mastroianni fit fureur : l'ami de toujours de l'actrice ne pouvait pas être absent, même dans un moment si difficile. Les dix-sept jours furent filmés minute par minute. Les reporters ne dormaient pas parce qu'une photo était comme un trésor. Sophia avait choisi des vêtements simples et confortables, elle se maquillait avec soin et parlait de ses enfants Dodò et Cipì avec l'assistante sociale. Nombreuses furent les opérations menées contre Sophia : des photos de la diva, souvent des photomontages, vendues très cher, des fausses déclarations, ce fut un réel enfer pour elle, mais elle ne se laissa pas submerger par la panique, du moins en public. On a su que le jour de sa libération, elle s'était levée à 5h30, avait pris une douche et avait pris un café au lait. À l'entrée de la prison, il y eut une vraie guerre pour immortaliser l'instant : « La femme italienne la plus célèbre du monde qui sortait de prison » et ainsi la photo de la liberté retrouvée fit le tour du monde. Le chauffeur qui l'attendait dehors pour échapper aux photographes rentra dans une voiture garée. Sophia portait une chemisette beige, un foulard rouge et jaune.

À Rome, ses déclarations pour un journal télévisé, qui ont également été reprises par de nombreux documentaires américains consacrés à l'artiste, furent : « Ces journées ont été très longues et interminables. C'est une expérience très enrichissante parce que, quand on regarde autour de nous, entre ces quatre murs entourées de barreaux, par des portes qui se ferment et pour lesquelles tu n'as pas la clé, on fait une expérience que l'on ne peut pas oublier ». Sophia paya même le prix de la publicité négative alors que Carlo Ponti passait un moment encore pire : une dizaine de procédures judiciaires, les condamnations, les recours, la Cassation. Puis les acquittements finaux. Comme nous l'avons déjà dit, Carlo déménagea aussi à l'étranger pour son travail. Les rapports avec l'Italie se détériorèrent pour toujours et, au cours d'une célèbre déclaration aux journaux télévisés de l'époque, il dit : « L'Italie devrait être gouvernée par les Italiens qui vivent à l'étranger parce que ce sont les seuls qui aiment vraiment ce pays ».

Ce ne sont que des mots

« Les gens ne comprennent pas notre aversion pour la vie mondaine. Ils nous considèrent asociaux. Mais c'est justement parce que nous sommes trop populaires que nous devons protéger notre intimité. Mais c'est une décision à prendre instinctivement d'aller dîner au restaurant ou de participer à une fête. Dès que nous franchissons la porte de nos appartements, nous sommes assaillis par les journalistes et les badauds qui inventent des histoires et font des commentaires gratuits. Nous recevons tous les jours de nombreuses invitations, aussi bien pour participer à des cérémonies officielles que pour des soirées de gala. Nous recevons bien sûr aussi des invitations chez les gens, chez des amis. Nous devons toujours faire très attention, en particulier Sophia doit toujours être concentrée sur ce qu'elle doit dire, sur ce qu'elle fait et sur l'expression de son regard, en d'autres termes, quand nous sommes hors de chez nous, elle se retrouve prisonnière… paradoxalement, elle se sent plus libre entre les murs de la maison ».

CARLO PONTI

La relation amoureuse entre Carlo et Sophia a toujours suscité de la curiosité et de l'intérêt, mais, dans les années quatre-vingt, les rumeurs concernant les rapports extraconjugaux devenaient toujours plus intenses et souvent infondées. Carlo Ponti connaissait les risques du métier et, à un moment particulier de la carrière de Sophia, surtout après les scandales financiers, il faisait encore plus attention aux sorties et à toutes les choses qu'il disait en public. En même temps, il veillait aussi à ses déplacements avec les actrices qu'il devait fréquenter pour des raisons professionnelles. Au cours de son mariage avec Sophia, certaines rumeurs lancèrent quelques noms féminins aux côtés de celui de Carlo, parmi lesquels Marilù Tolo (l'actrice qui interprétait la maîtresse de Marcello Mastroianni dans *Mariage à l'italienne*), Julie Christie (l'actrice du film *Le Docteur Jivago*) et Dalila Di Lazzaro.

Blonde, grande et reine des années quatre-vingt, Dalila était née à Udine, mais elle semblait américaine, sa beauté à couper le souffle cachait sa triste histoire. La magnifique actrice avait en effet connu des expériences terribles pendant l'enfance : un viol subi à l'âge de cinq ans commis par un membre de sa famille, une grossesse à quinze ans (fruit d'une relation avec un jeune homme de dix-sept ans) d'un petit Christian, qui mourut malheureusement dans un accident de la route. Après la naissance de cet enfant, Dalila devint l'un des mannequins les plus demandés en Italie et l'une des femmes les plus désirées. La jeune fille, à tout juste dix-sept ans, subit un autre viol puis, après ces tristes histoires, arrive à Rome dont elle s'échappe immédiatement par peur de ce milieu riche et corrompu à tous les niveaux. À dix-neuf ans, elle rencontre Carlo Ponti qui devient son Pygmalion. Un homme qui est comme un père pour elle, avec ses conseils et sa protection. Carlo traite la jeune femme avec respect et admiration. Elle démentira toujours les rumeurs sur une éventuelle histoire d'amour avec lui. Dalila a toujours parlé d'une belle amitié qui a duré pendant dix ans. Sophia ne commentait jamais les nombreux ragots sur cette amitié de son mari. La diva se contrôlait toujours et ne donnait jamais rien aux pseudo-journalistes assoiffés de scoops, afin d'éviter qu'ils n'écrivent des mensonges. Elle ne voulait pas croire non plus aux rumeurs insistantes sur Carlo et Dalila, qui était soit-disant logée dans l'appartement du couple à New York quand la jeune actrice faisait le tour du monde et était en contact avec les stars mondiales : d'Andy Warhol à Elton John, de Jack Nicholson à Richard Gere qui, comme Cary Grant pour Sophia, tomba éperdument amoureux de l'actrice du Frioul à Rome.

De son côté, Sophia était toujours très courtisée : de Grant à Peter Sellers, en passant par Roger Wagner et Richard Burton… La diva n'a toutefois jamais rien fait qui puisse confirmer les différentes et persistantes rumeurs, seules sa famille et sa carrière existaient pour elle. En 1978, un très célèbre photographe romain, Umberto Pizzi, prit en photo l'actrice à Paris à bord d'une Mini Minor conduite par Étienne-Émile Baulieu, un charmant médecin et chercheur, estimé dans le milieu scientifique. L'amant présumé avait huit ans de plus que Sophia Loren, était marié et père de trois enfants. Ponti non plus ne fit pas de commentaires alors que l'épouse du chercheur, Yvonne Baulieu, en fit un seul : « Je ne suis pas du tout surprise, Madame

Loren est une femme magnifique. Comment mon mari aurait-il pu éviter de tomber amoureux d'elle ? ». Les journaux à scandale de l'époque disaient que pour éviter les tentations à l'actrice, Ponti l'obligea à quitter Paris et à déménager à Genève ; Sophia aurait accepté de peur que ses enfants ne lui soient retirés. Les rumeurs s'estompèrent petit à petit et quand les journalistes demandaient un commentaire sur Baulieu à Sophia, elle répondait ainsi : « C'était une rumeur, je n'ai jamais eu d'histoire avec lui ».

Alors que la vie privée était assez calme et surtout « contrôlée » par le couple le plus visé par les médias en Italie, la carrière de la star napolitaine changeait et s'adaptait à l'époque. Le cinéma des années quatre-vingt n'a pas de scénarios pour une diva de la stature de Sophia Loren, c'est ainsi que l'actrice commence ses expériences à la télévision. Elle a fait son baptême sur le petit écran en 1980, aux États-Unis, avec deux épisodes tirés de son autobiographie écrite à deux avec Aaron E. Hotchner : dans le téléfilm *Living and Loving, Her Own Story*, l'actrice parcourt toutes les étapes de sa vie, à partir des dures années à Pozzuoli et joue aussi bien son propre rôle que celui de sa mère Romilda. L'expérience scénique du double rôle devient singulière et spéciale. De cette façon, Sophia peut voir et vivre les mêmes expériences existentielles sous deux angles nécessairement différents. Cela peut sembler absurde, mais ni le livre ni la mini-série n'arrivèrent en Italie. Cette mini-série fut produite par la NBC et Alex Ponti (Guendalina et lui sont les enfants nés du premier mariage de Carlo) et réalisée par le réalisateur-journaliste Mel Stuart, le même qui en 1968 avait filmé *Self-portrait*, une interview à Sophia dans sa villa à Marino. En Italie, ce documentaire n'arrive qu'en 2003. Les Italiens peuvent le voir au Festival du Film de Turin et de nombreux jeunes spectateurs découvrent à cette occasion et avec une bonne dose de surprise la grâce et la simplicité fascinante d'une femme qui était déjà au sommet de la célébrité internationale il y a de nombreuses années. Tout le monde découvrira en effet qu'en 1969, un an après le tournage de ce documentaire, l'union de la presse étrangère aux États-Unis l'avait déclarée la star la plus populaire au monde.

En 1984, dans une nouvelle production d'Alex Ponti, nous la voyons dans le rôle d'une ancienne serveuse et chauffeuse de taxi à Sorrente dans *Aurora*, avec son deuxième fils dans le rôle de son fils Ciro, aveugle depuis l'âge de deux ans. Dans le film, l'enfant a besoin d'une intervention coûteuse en Suisse, sa mère ne se laisse pas abattre par l'événement tragique et fait le tour de l'Italie sur les traces du père potentiel de l'enfant (à chercher parmi les amours finis) et surtout pour chercher de l'argent qu'elle n'a pas. Aurora réussira et, en plus de donner un père à son enfant, elle lui fera retrouver la vue. L'enfant se rappellera de sa mère uniquement comme quelque chose de blond pendant sa période de cécité (d'où le titre original *Qualcosa di biondo*). Avec Aurora, la chauffeuse de taxi, Sophia commence la série de ses « mamans » télévisées : dans *Madre coraggio*, produit par CBS, Sophia Loren est une mère italo-américaine prête à tout pour sauver son fils de la drogue ; dans *Mamma Lucia*, elle est aux côtés de John Turturro dans le rôle d'une veuve italienne avec cinq enfants à charge dans le milieu hostile de *Little Italy* dans les années trente. En

1989, Sophia réinterprète Cesira, la mère la plus célèbre du cinéma mondial, protagoniste de *La Paysanne aux pieds nus*. Le téléfilm est réalisé par Dino Risi, Sophia fait de son mieux mais la comparaison avec le précédent chef-d'œuvre est inévitable, la deuxième version ne fonctionne pas. La télévision n'ajoute et ne retire rien à la célébrité internationale de Sophia. Les années quatre-vingt se terminent avec une reconnaissance importante des Academy Awards : « Sophia est l'un des trésors les plus authentiques du cinéma mondial et, au cours de ses innombrables interprétations, elle a donné de l'éclat au cinéma international ». C'est Gregory Peck qui lit ces mots ; tout de suite après, il remet un Oscar pour sa carrière à Sophia Loren. C'est la Big Night de 1991 et la diva remercie les États-Unis, Carlo Ponti et ses enfants sur la scène du Dorothy Chandler Pavillon.

… Au revoir Romilda !

« Sophia et moi avons une vision différente de notre mère parce que son comportement était très différent avec Sophia ou avec moi. Notre mère voulait en effet que Sophia venge ses frustrations, à commencer par sa carrière raté à Hollywood pour passer ensuite à la déception de l'amour pour notre père… Moi, j'étais la fille qui devait rester à ses côtés ».

Maria Scicolone

On se rappellera de l'année 1991 non seulement comme celle de l'Oscar à la carrière mais également pour un autre événement dramatique : la mort de sa mère. Romilda quitte cette terre à l'âge de quatre-vingt-deux ans. Un jour, Sophia, qui habitait depuis des années en Suisse, décida tout à coup d'aller à Rome. Elle téléphona à Maria en la prévenant de son arrivée imminente. L'actrice avait dit à sa sœur : « Je reste six jours avec maman, si tu veux être plus libre ». Maria, qui vivait depuis des années avec Romilda, deux jours après l'arrivée de Sophia, sortit pour une promenade, c'était la première fois qu'elle se détachait de sa mère.

« Ma mère est morte en quinze minutes. Non pas qu'elle était malade, mais elle s'est jetée sur le lit et j'ai compris que quelque chose n'allait pas. « Venez ! Venez ! » ai-je commencé à hurler. Quand le concierge est arrivé, il m'a dit que ma mère était morte. Si je n'avais pas eu envie d'aller à Rome pour la voir, je n'aurais pas été présente et je n'aurais pas revu maman pour la dernière fois. Je suis très contente d'avoir été là ».

À partir de ce moment-là, Sophia s'éloigne des plateaux et des objectifs des photographes pendant quatre ans. L'actrice a besoin de son amie « solitude » pour élaborer le deuil et réfléchir sur son existence, ses moments importants avec Romilda et elle devait surtout penser au fait de redonner de l'éclat à sa mère après l'interprétation qu'elle avait elle-même faite onze ans plus tôt dans le téléfilm dans lequel elle interprétait aussi bien Sophia Loren que sa mère. Selon ce que rapporte l'écrivain Warren Harris, Romilda s'était confiée à un journaliste et avait déclaré qu'elle ne se reconnaissait absolument pas en la femme jouée par sa fille avec sa perruque rougeâtre et ses vêtements déchirés quand elle mendiait de la nourriture pour ses filles. Romilda n'aimait pas le fait d'être représentée comme une femme simple, peu charmante et surtout peu cultivée : « J'étais maigre et j'étais d'une beauté classique, comme le montrent les photos de ma jeunesse. Les auteurs ne le savaient peut-être pas, mais comment Sophia a pu, elle qui me connaît si bien, accepter cette image si différente de ce que je suis ? ». Cette dette morale envers Romilda poussera Sophia Loren à interpréter *La mia casa è piena di specchi* (*Ma maison est pleine de miroir*, 2010), un téléfilm italien tiré du livre écrit par Maria Scicolone et sorti en 2004. « Ce que Maria a écrit dans son livre est magnifique, mais j'ai compris que la seule manière de l'interpréter était de rendre hommage à ma mère qui s'est toujours battue pour moi ».

Après la mort de sa mère, Sophia reste quatre ans sans jouer et refuse tous les scénarios, jusqu'à ce qu'arrivent Robert Altman et son *Prêt-à-porter*, une gentille satire sur le monde de la mode. Un peu plus qu'une apparition – dans un film qui compte trente et un personnages principaux et quatorze stars, mannequins et stylistes qui jouent leurs propres rôles –, mais le réalisateur de *Nashville* tient particulièrement à cette apparition : il imagine depuis longtemps réunir Sophia et Marcello dans la scène mythique du striptease d'*Hier, aujourd'hui et demain*. Cette fois Sophia n'a pas besoin du chorégraphe du Crazy Horse comme entraîneur particulier : elle gère toute seule son striptease et, à soixante ans, elle montre qu'elle n'a rien à envier aux jeunes stars qui inondent le milieu. La scène avec Marcello est le cœur du film mais aussi la dernière fois ensemble pour le couple le plus uni et copié du cinéma : quatorze fois sur le même plateau de tournage, douze films comme personnages principaux, des moments de vie inoubliables, une amitié qui est allée au-delà de toutes les insinuations et la curiosité malsaine. Marcello Mastroianni meurt à la fin 1996. Un autre triste adieu, une blessure profonde pour la diva et pour le public du monde entier. Avec le personnage d'Altman, Sophia Loren est nommée aux Golden Globes et a la possibilité de retirer les vêtements de la mère de famille malchanceuse pour faire ressortir sa vraie essence : élégante, raffinée, magnifique et sensuelle. Nous la reverrons ensuite toujours « splendide » comme la définissent ses nombreux fans, dans le film *Les Grincheux 2* aux côtés de Jack Lemmon et Walter Matthau. Le cinéma américain n'abandonne jamais Sophia Loren, contrairement au cinéma italien, qui ne lui pardonne peut-être toujours pas le fait d'être la seule actrice à être reconnue au niveau planétaire.

Après ces expériences, l'actrice interprète une nouvelle fois une mère dans le film *Soleil* : Sophia interprète la courageuse et tenace Maman Titine Lévy aux prises avec cinq enfants à élever et avec leurs rêves qu'il ne faut pas décevoir. Une autre mère courage, un autre look de Seconde Guerre Mondiale : le cinéma pousse Sophia à s'auto citer, l'artiste se répète mais en cherchant toujours de nouvelles nuances, pour ne pas rester un « masque » mais une femme vivante. C'est pourquoi les mères qu'elle joue sont toujours différentes et elle se reconfirme l'unique actrice italienne capable de déstructurer le jeu scénique de la *commedia dell'arte.*

Cœurs invisibles

« Je viens de communiquer au directeur du Festival de Venise, Felice Laudadio, que Sophia ne pourra malheureusement pas être présente pour retirer le Lion d'or à la carrière. Sophia devra se reposer pendant un mois et se ménager. Mon épouse n'a jamais été à l'hôpital à part deux fois : quand nos enfants sont nés. Cette fois elle devra prendre soin d'elle, même si le malaise, dû à un voyage particulièrement stressant à cause de certains retard et à la chaleur excessive de New York, lui ont provoqué un léger problème cardio-circulatoire duquel elle a déjà récupéré ».

CARLO PONTI

La grande diva est loin, invisible, immatérielle et pourtant c'est une image attentive et protectrice quand elle contrôle sa famille de laquelle elle exige toujours l'amour et les bonnes manières, la simplicité et la finesse. Le jour où Sophia Loren reçoit le Lion d'or à la carrière par procuration, son image de célébrité internationale, de danseuse éternelle, cette chevelure éternellement parfaite, ce corps long et charnel, cette élégance triomphale qui l'a toujours accompagnée se ternit. Elle n'est plus aujourd'hui que l'épouse de Carlo Ponti, la mère de Carlo jr. et d'Edoardo qui vont à Venise à sa place, sans elle, l'image solide de cette famille qu'elle a toujours tenue éloignée de toute forme d'exhibitionnisme pour la protéger comme le plus précieux des trésors. Carlo est présent à Venise et ne parle pas de la décision de sa femme de ne pas participer à un direct au moment de la remise du prix, de refuser l'envoi d'une cassette vidéo ou même uniquement un enregistrement audio pour remercier et d'avoir uniquement accepté d'envoyer une lettre. Alors qu'il lit la lettre, Carlo explose en larmes, provoquant les sanglots inattendus de ses fils. Monsieur Ponti raconte le malaise qu'a eu Sophia au cours du vol Los Angeles-New York. La chose a fait beaucoup de bruit parce qu'il semblait impossible que ce corps merveilleux puisse tomber malade. Le producteur continue sa déclaration : « Sophia elle-même a été traumatisée par ce petit effondrement et elle a encore un blocage psychologique qui l'empêche de se convaincre qu'elle est guérie ». Cette fois-ci, la diva fait la diva diront de nombreuses personnes, et elle choisit d'être présente uniquement en vidéo avec *Une journée particulière* : elle a préféré se montrer déconfite et fragile, intelligente et introspective sans la carapace de la beauté à couper le souffle d'autres films historiques comme *Hier, aujourd'hui et demain* ; elle a choisi le film des vraies passions et de la pudeur, de ces émotions qui nous touchent en profondeur et qui font même parfois très mal.

Mais c'est dans les trois hommes de sa vie que se reflète son image de femme. Durant cette édition du festival de Venise, son fils Edoardo présente Liv, son mémoire de master en réalisation (précédé par une Maîtrise en Littérature anglaise et écriture créative), un film de 38 minutes produit par Ponti, Altman et Antonioni, avec des acteurs qui travaillent gratuitement et les musiques offertes par Zbigniew Preisner (le compositeur de la trilogie de Kie lowski).

Edoardo est réservé alors que Carlo jr. semble plus sûr de lui, peut-être parce qu'il a été à la crèche à New York et qu'il a suivi des cours de peinture à l'âge où les enfants jouaient au ballon. Cela n'arrive pas à tout le monde de se faire peindre par Kokoschka dans son atelier de Bâle, mais si tu t'appelles Ponti et que tu es le fils d'une légende comme Sophia Loren, tout ceci, et beaucoup plus, peut t'arriver pendant l'enfance. Le fils aîné de la famille Ponti a trouvé sa voie dans la musique, il a étudié comme *conductor* entre Los Angeles et Vienne, il a été l'élève préféré de Mehli Mehta, il deviendra en 2000 le chef d'orchestre du San Bernardino Orchestra et ensuite il deviendra directeur associé de l'Orchestre national russe.

Le fils tellement désiré par Sophia la rendra bientôt grand-mère : après leur mariage, la violoniste hongroise Andrea Meszaros donnera naissance à Vittorio Leone Ponti en 2007 et à Beatrice Lara Ponti en 2012.

Edoardo épouse l'actrice californienne Sascha Alexander avec laquelle il aura Lucia Sophia en 2006 et Leonardo Fortunato en 2010. Sophia est une grand-mère classique, attentive et prévenante, elle ne perd aucune occasion pour passer du temps avec ces enfants qui vivent, comme ses propres enfants à leur époque, dans le monde du spectacle malgré eux. Carlo jr. déclarera plusieurs fois qu'il n'aime pas du tout le monde du cinéma, en particulier il n'arrive pas à comprendre les transformations des derniers temps. Il préfère la profondeur à l'apparence et même sa mère capte une transformation excessive dans le monde du spectacle, mais elle n'est pas si désenchantée que son fils. En voyant la compétition qui existe aujourd'hui entre les acteurs, elle dira plusieurs fois à sa belle-fille que si elle avait dû affronter cette guerre pour pouvoir s'exprimer au cinéma, elle aurait probablement changé de métier.

Sophia Loren fait partie des stars les plus récompensées de l'histoire du cinéma mondial. Rappelons que le prix à Venise en 1998 arrive après celui des Academy Awards en 1991. La même année, elle reçoit un César en France et un prix à la carrière au Festival International du Film de Chicago. En l'espace de quelques mois et de quelques années, elle sera décorée de la Légion d'Honneur (à Madame Sophia Scicolone dit Loren, Commandeur des Arts et des Lettres), l'Ours d'or à Berlin, le Cecil B. De Mille Award, le David di Donatello, le Golden Globe, le BAFTA anglais. Elle a également reçu le titre de Grand Maréchal de la Columbus Citizen Foundation qui organise la parade du Colombus Day à New York : le défilé pour les cinq cents ans, le 12 octobre 1992 voit Sophia en tête du cortège au milieu de la fanfare qui joue des chansons napolitaines et de la foule qui crie son nom avec enthousiasme. Le défilé qui célèbre la découverte de l'Amérique suscite à chaque pas de l'actrice une vague de sentiments, d'émotions et de souvenirs. De nombreux italo-américains célèbres participent au défilé (ou assistent à la télévision). Il y a Martin Scorsese, le réalisateur de *Mean Streets* (1972) et de *Taxi Driver* (1976) et de nombreux films dans lesquels il parle de la famille italienne exportée dans les banlieues de New York. On trouve également Francis Ford Coppola, avec ses enfants et les membres de sa famille qui travaillent dans la maison de production qui a réalisé la trilogie du *Parrain*, des films dans lesquels la mafia sert de pont entre la Sicile et Manhattan dans un mélange de délits, de sang, de vin et d'érotisme. On voit également Brian de Palma qui a aussi amené dans la jungle américaine le goût ambigu pour la sacralité du macabre évoquée dans les cimetières ou dans les couvents italiens où l'on conserve les os et les reliques. On croise ensuite Robert de Niro, Al Pacino et John Travolta, toutes ces stars qui se sont regroupées autour de Sophia qui représentait la revanche dans un pays au-delà de l'Océan Atlantique. À cette époque, les Américains adorent Sophia même s'ils ne lui proposent plus de rôles à sa hauteur.

En 1997, arrive aussi le titre de Chevalier de Grand-Croix au mérite de la République, l'ordre le plus élevé en Italie, pour Sophia et Carlo. L'actrice entre dans l'Olympe des récompensés de prestige, son étoile est désormais présente sur le *Walk of Fame* (les trottoirs de cette rue hollywoodienne sont recouverts d'étoiles qui brillent avec les noms des stars mondiales de tous les temps). Elle remettra l'Oscar à la carrière à Federico

Fellini, elle proclamera « Roberto ! » quand Benigni gagne la statuette pour *La vie est belle* et va la retirer en marchant sur les accoudoirs au milieu des stars qui rient et Steven Spielberg qui l'aide à terminer son numéro d'équilibriste. En 2009, Sophia se présentera par surprise au Pavillion pour récompenser Kate Winslet pour *The Reader*, sous les acclamations du public et vêtue d'or. Pourtant, la star aux mille prix a derrière elle une liste de projets non-réalisés : *Anna Karénine* qu'elle aurait dû tourner à Leningrad dans les années soixante-dix, *En voyage avec Anita* qui l'aurait vue jouer avec Gregory Peck et le remake de *La Rose tatouée.* En juillet 2013, elle tournera au contraire, onze ans après sa première expérience avec son fils en qualité de réalisateur (*Between Strangers*), un autre remake, il s'agit de *La Voix humaine* en dialecte napolitain.

Sophia est très heureuse quand elle travaille avec Edoardo. Avec lui, elle se sent à la bonne place et elle se rend compte qu'elle fait quelque chose d'unique. En effet, depuis les années soixante, la diva a toujours choisi les projets qu'on lui proposait de façon captieuse mais instinctive et, à ce propos, elle dira plusieurs fois : « Le cinéma, s'il n'est pas fait avec le cœur, devient difficile, il vaut mieux rester à la maison avec ma famille et avec mes quatre petits-enfants ».

Sophia dose tout avec mesure même si elle ne s'économise pas du tout. Elle fait le tour du monde pour recevoir des prix et pour en remettre. Elle se déplace de sa résidence de Genève et va voir ses enfants aux quatre coins du monde : c'est arrivé en 2012 quand la star a décidé de passer ses vacances en famille, elle les a rejoints au Mexique. À cette occasion, elle a réussi à vivre pleinement ce rôle de grand-mère qui lui va si bien parce que la famille et les liens affectifs ont toujours été le point central de sa vie. Pour faire plaisir à ses petits-enfants, elle choisit même d'accepter un rôle de doubleuse dans le film *Cars 2,* dans lequel elle interprète la mère de Mickey. Elle n'a que deux répliques à dire en dialecte napolitain, mais l'actrice s'amuse parce qu'elle sait que ces phrases seront entendues par ses petits-enfants.

Sophia Loren ne s'arrête jamais, elle préside des concours de beauté, elle se fait admirer aux festivals de cinéma et elle est présente à tous les baptêmes des nouveaux bateaux de croisière de la compagnie de Sorrente MSC. Elle reçoit la citoyenneté honoraire de Sorrente et on lui donne les clés en or de la ville. Nous la voyons souvent apparaître dans des nouvelles campagnes publicitaires : la première, elle l'avait réalisée quand elle était très jeune, avec une mozzarella puis avec des jambons ou des fourrures, mais Sophia participe également à de nombreuses initiatives de bienfaisance comme « La dernière bonne action de la lire », en faveur de la recherche sur le cancer puis, pour conclure, elle déclare avec une voix suave et en dialecte napolitain : « *E facitime 'stu piacere* » (faites-moi ce plaisir). La magnifique actrice, avec le soutien de Carlo, âgé à l'époque de quatre-vingt-treize ans, inaugurera la saison olympique de Turin en 2006 et sera à la tête d'une patrouille de femmes célèbres. Toujours la même année, elle pose pour le calendrier Pirelli de 2007 : en lingerie noire et avec des boucles d'oreille, dans des draps de soie et avec sa chevelure fluide. L'année 2007 sera par contre aussi l'année de l'histoire la plus dramatique de toute sa vie, la mort de Carlo Ponti.

Le dernier hommage à Magenta

« Combien de mots de sagesse tu as mis sur mon chemin, je les ai ramassés et je les emmène avec moi, tu m'as appris la tendresse et la spiritualité, je t'ai regardé dans les yeux pour savoir d'où je venais, où j'allais, le même regard que je vois chaque jour dans les yeux de mon fils. Je suis fier de l'homme que tu as été, de l'artiste que tu es, du père que tu seras toujours. Il y a trente-quatre ans, le 6 janvier, tu m'as pris dans tes bras pour la première fois, le 9 janvier dernier, c'est moi qui t'ai pris dans mes bras… pour la dernière fois ».

EDOARDO PONTI

L'année 2007 commence très mal pour Sophia Loren. Dans la nuit du 9 au 10 janvier, Carlo Ponti meurt à l'hôpital de Genève. À quatre-vingt-quatorze ans, le producteur italien quitte pour toujours cette terre, son épouse, ses enfants. Sophia souffre parce qu'avec Carlo, c'est une partie d'elle-même qui meurt. Depuis l'âge de quinze ans, l'avocat milanais passionné de cinéma avait signifié pour la jeune fille de Pozzuoli la possibilité de prendre sa revanche sur la vie et le soutien qu'elle n'avait jamais reçu. Pour elle, Carlo était le père, l'amant, le frère qu'elle n'avait jamais eu. Avec lui, elle avait fait tout son parcours d'actrice, de femme, de mère et de grand-mère. Elle avait surmonté de nombreuses douleurs et vécu énormément de joies. Sophia regarde la réalité en face et accepte cet abandon avec dignité, mais elle n'oublie pas le passé : au contraire, avec la mort de Carlo, elle revit une nouvelle fois le film merveilleux qu'a été sa vie : « Je n'ai jamais essayé d'oublier les souvenirs, même les plus tristes, je ne comprends pas les gens qui cachent leur passé. Chaque événement que tu as vécu t'aide à être la personne que tu es aujourd'hui ».

L'actrice voulait célébrer les funérailles de façon intime, mais la famille a opté pour une cérémonie dans la Basilique de Magenta, le village natal du producteur, près de Milan. Le 12 janvier 2007, environ cinq cents personnes et uniquement deux visages célèbres étaient présents : Giorgio Armani et l'actrice Sabrina Ferilli.

Les lunettes de Sophia ne sont pas très foncées, sur certaines photos, nous pouvons donc voir ses yeux pleins de larmes : il est évident qu'elle ne veut pas cacher ses émotions. L'actrice sort de l'église en tenant la main de son fils Edoardo, qui venait de lire un émouvant message à son père et qui tenait à son tour la main de son épouse Sascha Alexander. Carlo, l'aîné, marche de l'autre côté de sa mère. Derrière eux, les six cousins du producteur et sa fille aînée Guendalina accompagnée de sa fille Angelica. Ponti a voulu être enterré dans la tombe de famille au cimentière de la petite ville milanaise dans laquelle il était né en 1912.

Presque comme réponse à la magnifique lettre lue par son frère Edoardo à l'église le 12 janvier 2007, le 12 décembre 2011, Carlo jr décide de rendre hommage à son père lors d'un concert à Rome. L'artiste décide de consacrer un concert à l'auditorium de la capitale italienne aux musiques des films les plus importants produits par son père (*La Paysanne aux pieds nus*, *Le Docteur Jivago* et *La strada*). Il décide, en accord avec sa famille, de reverser les gains à une œuvre de bienfaisance. Le charmant enfant de la balle déclarera : « Dans le passé, il était déjà arrivé que j'ajoute des morceaux tirés des films produits par mon père dans mes spectacles, mais c'est la première fois que je fais un concert entier autour de ce thème, en collaborant avec mon frère Edoardo qui lit quelques passages liés à la vie de papa ». Ce jour peu avant Noël, l'auditorium est plein à craquer, Sophia Loren ne se cache pas devant les caméras et elle est visiblement émue, grâce à la musique de son fils, elle revit encore une fois le passé, à soixante-dix-huit ans, mais elle est tournée vers le futur. Carlo jr est heureux et il déclarera à tous les journalistes présents la phrase de son père qu'il portera plus que toute autre dans son cœur : « Les gars, rappelez-vous toujours de rester calmes, d'avoir du sang froid et une entière confiance en vous-mêmes et en vos ressources ».

Une légende éternelle

« Il existe une fontaine de jouvence : elle se trouve dans ta tête, dans tes talents, dans la créativité que tu gardes avec toi au cours de la vie. Quand tu auras appris à puiser dans cette fontaine, tu auras réellement pris le dessus sur l'âge. »

SOPHIA LOREN

Il suffit de lire les nombreux messages d'affection en ligne que les fans dédient à la diva chaque jour pour comprendre combien d'amour la jeune fille timide et apeurée de Pozzuoli a réussi à transmettre dans ses interprétations, dans ses regards, avec ses rires pleins de joie et surtout avec ses larmes qui resteront à jamais gravées dans la mémoire de ses innombrables admirateurs.

Un visage parfait et un corps sculptural n'auraient servi à rien s'il n'y avait pas eu l'âme de Sophia à l'intérieur, son naturel, sa façon d'être, sa patience, sa ténacité mais surtout son cœur. Le cœur de Naples que l'artiste porte toujours en lui, tout comme le tunnel où elle se réfugiait pendant la guerre, les pâtes aux haricots de *nonna* Luisa, les sourires de Carlo lors du premier concours de beauté, les applaudissements et les fêtes aux États-Unis, l'Oscar avec *La Paysanne aux pieds nus* ainsi que les amis comme Vittorio De Sica, Marcello Mastroianni, Basilio et Ines ; ses deux magnifiques enfants, les nuits sans dormir dans la clinique suisse pour donner naissance à Carlo Jr., ses quatre petits-enfants, son « fils adoptif » Michael Jackson, sa mère tenace et Maria… En toile de fond, on trouve les ombres de son existence comme si elles serraient Sophia dans leurs bras. Nous y trouvons ainsi l'actrice sensuelle qui chante le célèbre *mambo italiano* à côté d'une Sophia Loren qui souffre parce que, comme elle l'a déclaré : « Les souffrances, même les plus cruelles, apparemment les plus arbitraires, les plus injustes, ont une raison d'être. Quelqu'un a écrit – je pense que c'était Saul Bellow – que la souffrance interrompt le silence de l'esprit ». Un silence que Sophia Loren a su et voulu interrompre en défiant le destin pour se transformer en légende.

Notre diva a su conquérir le cœur des femmes et des hommes du monde entier. Paradoxalement, ses poses n'ont jamais été celles d'une star, sa présence scénique, ce charisme unique et cette féminité qui résiste au temps qui passe sont des qualités naturelles que Sophia a su diriger de façon constructive à chaque instant de sa vie extraordinaire. Le respect de tous ses admirateurs à travers le monde témoigne de l'amour que Sophia Loren a réussi à offrir aux quatre coins de la planète : des États-Unis au Japon, de sa Naples à Toronto. Une actrice réussit son pari quand elle atteint le cœur de ceux qui souffrent, quand elle offre des moments de réconfort et qu'elle se transforme en point de référence pour ceux qui s'identifient en quelques sortes à la femme qui se cache derrière les différents personnages qu'elle a interprétés. Tous les événements tristes de sa vie comme les conquêtes importantes et les moments de joie en famille sont vécus par l'actrice napolitaine avec ses fans. Ces derniers ne l'ont jamais abandonnée, tout comme l'artiste n'a jamais oublié ses fans qui continuent à la suivre, parce que l'art ne souffre pas du temps qui passe comme l'amour que cette femme a su donner inconditionnellement.

J'ai rêvé avec toi, j'ai suivi mon envie de devenir actrice, comme toi, je me levais à quatre heures du matin, je prenais le bus pour aller à Naples chez mon professeur de diction puis j'allais travailler comme femme de ménage, je me suis donnée beaucoup de mal mais, malheureusement, la vie n'a pas été tendre avec moi. J'ai perdu ma mère à seize ans, je venais juste de commencer à étudier et j'ai dû tout abandonner pour m'occuper de mes six frères et sœurs… Aujourd'hui, j'ai cinquante-six ans, je ne me suis jamais mariée, j'ai eu un petit-ami quand j'étais jeune mais il me trompait donc je l'ai quitté. Depuis ce jour, j'ai rêvé d'amour grâce à tes films, tu m'as donné la force de ne pas tout abandonner, j'ai souvent pleuré et j'ai ri… Je veux te raconter rapidement ma vie, ma chère Sophia, car tu es l'amie que je n'ai jamais eue, la vie que j'aurais voulu avoir mais tu es surtout la personne qui me redonne confiance dans les mauvais moments. Je t'adore Sophia et je ne trouve pas les mots justes pour te dire combien je t'aime.

Le message d'une des innombrables fans de l'actrice nous touche comme le regard de Sophia dans une scène de *La Paysanne aux pieds nus* continuera à nous toucher. Ce regard renferme en lui tout le monde et toutes les nuances émotionnelles d'une femme qui a défié et battu les barrières du temps et de l'espace.

Bibliographie

Aristarco R., *Il mito dell'attore,* Dedalo, Bari 1983.
Brunetta G.P., *Cent'anni di cinema italiano,* Laterza, Bari 1991.
Carotenuto Marinella., *Sophia loren-the quintessence of being an italian woman, Mediane,* Milan 2009.
Conway Micheael, Ricci Mark Magrelli Enrico., *I film di Marilyn Monroe,* Gremese, Rome 2012.
Castello G.C., *Il divismo,* ERI, Turin 1957.
Cinti S., *Dizionario mitologico,* Sonzogno, Milan 1989.
Duerr H.P., *Nudità e vergogna*, Marsilio, Venise 1991.
Friday N., *Donne sopra,* Mondadori, Milan 1992.
Giacobini S., *Sophia Loren una vita da romanzo. le verità nascoste,* Dalai, Milan 2010.
Hochkofler Matilde, *Marcello Mastroianni, il gioco del cinema.* Gremese, Rome 2006.
Kaufman H., Lerner G., *Hollywood sul Tevere,* Sperling and Kupfer,
Milan 1980.
La Capria R., *L'armonia perduta,* Mondadori, Milan 1986.
Loren S., *Women Beauty,* William Morrow and Company Inc., New York 1984.
Loren S., *La bonne étoile* (avec la collaboration de A.E. Hotchner), Seuil, Paris 1979.
Loren S., *Ricordi e Ricette,* Gremese, Rome 1999.

Lucherini E, Spinola M, *C'era questo, c'era quello,* Mondadori, Milan 1984.
Magrelli E., Spagnoletti G. *Tutti i film di Fassbinder,* Ubulibri, Rome 1983.
Masi S., Lancia E, *Sophia Loren,* Gremese, Rome 1985.
Morandini M. et al., *Il Morandini. Dizionario dei film, Zanichelli,* Bologne 2004.
Moscati Italo, *Sophia Loren: La storia dell'ultima diva,* Lindau, Turin 2005.
Muller j., *Il cinema degli anni 50*, Taschen, 2006.
Petacco A., *La regina del sud,* Mondadori, Milan 1992.
Pulcini E, *Amour-passion e amore coniugale,* Marsilio, Venise 1990.
Sartori., *La fabbrica delle stelle,* Mondadori, Milan 1986.
Steernberg D., *Ombre del mito, Il Mulino,* Bologne 1992.
Vidal G., *Remotamente su questi schermi,* Anabasi, Milan 1992.

www. Filmscoop. it.
www. repubblica.it 2007/ sezione spettacoli.

Index

Deux femmes **7**
L'or de Pozzuoli **13**
Les quatre journées de Naples **19**
Miss élégance **27**
Amours en cours **33**
Un mari pour Sophia **45**
Une journée spéciale **57**
Le profond désir **77**
Les règles du jeu **89**
La cuisine… mes souvenirs **95**
Les adieux **101**
Que se passe-t-il ? **113**
Ce ne sont que des mots **123**
… Au revoir Romilda ! **129**
Cœurs invisibles **133**
Le dernier hommage à Magenta **141**
Une légende éternelle **145**

Dans la collection « Stars »

ANGELA WILDE
Johnny Depp
L'histoire d'un pirate romantique

•

DOMINIQUE GRANDFILS
Beatlemania
Le guide du fan des Beatles

•

HILDEGARD KNEF
Romy Schneider
Le récit passionné d'une légende

•

DOMINIQUE GRANDFILS
Paul McCartney
Wings : une aventure musicale